Richard Batka, Martin. asn

Plu

ddemann

Martin Plüddemann und seine Balladen

Richard Batka, Martin. asn
Plu
..

ddemann

Martin Plüddemann und seine Balladen

ISBN/EAN: 9783741172298

Hergestellt in Europa, USA, Kanada, Australien, Japan

Cover: Foto ©Angelika Wolter / pixelio.de

Manufactured and distributed by brebook publishing software
(www.brebook.com)

Richard Batka, Martin. asn

Plu

ddemann

Martin Plüddemann und seine Balladen

.

Martin Plüddemann

und

seine Balladen.

Eine kritische Studie

von

Richard Batka.

— ·•◦❦◦•· —

Prag 1896.
Verlag von Fried. Ehrlich's Buchhandlung
(Bernhard Brauer,
Buchdruckerei Löwit & Lamberg.

„und wie denken Sie über Plübbemann?"

Der feingebildete Musiker und Kunstschriftsteller, an den ich diese Frage richtete, warf seinen blonden Kopf in die Höhe und machte eine abwehrende Handbewegung. Wir hatten uns an jenem Vormittag in der schönen Musenstadt an der Elbe gerade erst kennen gelernt, in drängender Eile, einer dem andern das Wort von den Lippen fangend, die ganze Breite der neudeutschen Tonkunst überflogen und auf allen Punkten eine merkwürdige Übereinstimmung der Ansichten wahrgenommen. Aber an der Klippe Plübbemann scheiterte unsere Eintracht. Er fuhr fort, die musikalische Tiefgründigkeit der Plübbemann'schen Balladencompositionen zu bezweifeln, ich betonte immer wieder die eigenthümliche, stilistische Durchbildung dieser Werke. Wir konnten uns nicht verständigen und sprangen bald auf ein anderes Feld über. Gleichwohl blieb mir der Zwischenfall im Gedächtnis, regte zu weiterer Erwägung der Frage an und rief so wenigstens mittelbar das Verlangen hervor, meine befestigte Ansicht dem Urtheile der musikfreundlichen Öffentlichkeit vorzulegen. Schließlich folgte dem Vorsatze die That, zumal ich hoffte, durch diese Aufzeichnungen etwas zur gerechten Würdigung eines vortrefflichen, vielfach mißkannten und dadurch, sowie infolge körperlicher Leiden in peinliche Nothlage gerathenen deutschen Künstlers beitragen zu können. An dieser Würdigung liegt jetzt weit mehr, als daran, ob meine hier vorgetragenen ästhetischen Ansichten von Vielen und ohne Einschränkung gebilligt werden. Sind sie richtig, so wird man wohl ein andermal von selbst darauf zurückkommen. Nur die in der Persönlichkeit wurzelnde, künstlerische Kraft ist unwiederbringlich. Sie gilt es zu rechter Zeit vor Schaden zu bewahren.

1*

I.

Martin Plüddemann wurde 1854 zu Kolberg an der Ostsee geboren. Er stammte aus einer sehr musikalischen Familie, die zu dem Altmeister der Ballade, Carl Löwe persönliche und künstlerische Beziehungen unterhielt und dem Wunsche ihres ältesten Kindes, Musiker zu werden, willfahrte. Der junge von Beethovens Genie begeisterte Martin gieng 1871 nach Leipzig, studierte bei dem berühmten Thomascantor Richter Contrapunkt und versuchte sich in eigenen Schöpfungen, zumeist Liedern, welche den Einfluß Mendelsjohns, Schumanns und Robert Franz's deutlich erkennen lassen. Von bestimmender Wirkung auf ihn war aber die Bekanntschaft mit den Werken Richard Wagners, um welche damals der Kampf der Meinungen am heißesten tobte. Das specifisch Germanische darin übte auf den jungen Künstler einen so tiefen Eindruck aus, daß er bald als „wüthender Wagnerianer" galt, der nach seines Meisters Lehre das Fürchten nicht kannte und den ästhetischen Spießbürgern von Klein Paris zum Trotz sein künstlerisches Glaubensbekenntnis mit ebensoviel Hartnäckigkeit als Begeisterung vertrocht. Der Poet P. Lohmann, den Wagners Ruhm nicht schlafen ließ und der dessen auf Mythus und Sage beruhendes Musikdrama durch eine neue Gattung: „das allgemein menschliche Musikdrama" zu übertrumpfen suchte und mit seinen theoretischen Reformvorschlägen damals einige Beachtung fand, ließ sich den jungen Wagnerverehrer einst eigens zu dem Zwecke vorstellen, um ihn zu „belehren". Aber nichts vermochte das Ansehen, nichts die geistige Überlegenheit Lohmanns gegen den feurigen Enthusiasmus des Conservatoristen. Verdrossen ließ er ihn schließlich ziehn und hatte nichts anderes gewonnen als die Überzeugung, „daß diese Wagnerianer für jeden vernünftigen Zuspruch unzugänglich sind."

Die bevorstehenden Bayreuther Festspiele (1876) hatten die Frage nach einer deutschen Gesangsweise in den Vordergrund des Zeitinteresses gerückt und dies mag auch Plüdde-

mann mit bestimmt haben, sich der Sängerlaufbahn zuzu-
wenden. Er machte eine strenge Schule bei Julius Hey
und Friedrich Schmitt durch und seine ersten Erfolge im
Concertsaale verhießen ihm eine schöne Zukunft. Da brach
das Unheil über ihn herein: eine Erkältung raubte ihm seine
Stimme. Aber unverzagt warf sich Plüddemann aufs Componieren, bethätigte sich mit bemerkenswerther schriftstellerischer
Gewandtheit als Kritiker und bildete sich zum Gesanglehrer
aus. Sein unermüdliches Wirken für die Wagnersache brachte
ihn in persönlichen Verkehr mit dem Meister, der ihm sehr
freundlich gesinnt war und ihn zum Gesanglehrer seiner
Kinder ausersehen haben soll.

Nun begann auch der schöpferische Drang in Plüddemann immer unbezwinglicher zu erwachen. Hatte die Macht
des Wagner'schen Genius niederdrückend auf den Jüngling
gewirkt, so wuchs mit der zunehmenden Reise auch der Muth
und das Vertrauen auf die eigene Kraft. Mit dem großen
Meister auf dem dramatischen Gebiete zu wetteifern, diesem
Wahn entsagte er zu seinem Heile bald und entgieng so dem
Schicksal so vieler Phaetone, die das schwere Gefährt des
Musikdramas mit unzulänglicher Kraft zu lenken sich unter-
fingen. Mit einigen Bearbeitungen altdeutscher Gesänge und
ein paar eigenen Liedern trat er zuerst vor die Öffentlichkeit.
Allein er merkte wohl, daß seine Begabung nicht im Lyrischen
wurzle. Jene Lieder waren wohl alle sänglich und dankbar
für den Concertsaal, sonst aber wenig bedeutend; das Beste
daran die gute, sprachsinnige Declamation. Eine Romanze
„Wohlauf wohlab den Neckar", deren wohlig auf und nieder
fließende Melodie an Mozarts Frühlingslied anklingt, bildete
1879 den Übergang zu einer langen Reihe von Balladencompositionen, die erst 1885 plötzlich und auf mehrere Jahre
abbricht. Gleich in dem ersten dieser Werke „Jung Dieterich" steht der ganze, echte und rechte Plüddemann vor
uns, er hatte damit die musikalische Gattung gefunden, die
seiner Eigenart völlig gemäß war, zugleich aber auch den besonderen Stil dafür, an dem er später gar nichts weiter um-
oder auszubilden brauchte. Er war kein Werdender mehr,
sondern ein fertiger, sicherstelliger Künstler.

In den achtziger Jahren sehen wir Plüddeman bemüht,
sich auch äußerlich eine feste Existenz zu gründen. Aber dabei
hatte er nun einmal kein Glück. Eine Stellung als Leiter
der Singakademie in Ratibor verließ er wieder, da er seine

geplanten, umfassenden Reformen des Chorgesanges nicht durchzusetzen vermochte. Seit dem Herbst 1890 lebte er in Graz als Gesanglehrer an der „Steiermärlischen Musik schule". Hier gelang es ihm in der That, festeren Fuß zu fassen. Er konnte den größeren Theil seiner Balladencompositionen (5 Hefte) auf Grund einer Subscription herausgeben, zwei hervorragende Sänger wie Gura und Bulß sangen vieles daraus in Concerten, ein kleiner, aber begabter und seiner Kunst aufrichtig zugethaner Schülerkreis ließ ihn hoffen, das Ideal seines künstlerischen Wirkens, die Schaffung einer Schule für den epischen Musikstil, insbesondere für den Balladengesang zu erreichen. Balladenconcerte, die er mit seinen Jüngern in Graz, Wien und in andern Städten gab, trugen ihm wenigstens viel — Ehre ein und so schien es, als ob die Zeit des Erfolges für ihn angebrochen sei. Aber es schien nur so. Die materiell ungenügenden Verhältnisse nöthigten ihn zunächst die ihm freundlich gesinnte Stadt zu verlassen. Seine Hoffnungen lenkten sich auf Berlin, aber hier fügten ihm persönliche Differenzen mit namhaften Kritikern unberechenbaren Schaden zu. Man schwieg ihn einfach todt und die beiden Meistersänger, Gura und Bulß waren schwach genug vor der unserem Tondichter ungünstigen Stimmung zu capituliren. Sie ließen in ihren Concert programmen seine Werke mehr und mehr ausfallen. Zum Überfluß trat ein qualvolles Nervenleiden, von dem er schon früher viel zu erdulden gehabt hatte, mit verdoppelter Heftigkeit auf und lähmte sein Thun, seine Energie nach jeder Richtung. Die hohe, aufrechte, germanische Gestalt mit dem blonden Bart und Haar ist leicht gebeugt. Vorsichtig lugt der einst so offene Blick der blauen Augen, ob vom Begegnenden nicht neues Unheil, neue Feindschaft, neue Täuschung drohe. Das natürliche, frische, draufgeherische Ungestüm seiner Jugend hat sich in launische Gereiztheit und Mißtrauen gewandelt kurz die Stürme des Lebens haben dem knorrigen Eichbaum, der sich nicht biegen und fügen wollte, die Krone zerzaust und gar übel mitgespielt. Da dürfte somit der Zeitpunkt angemessen sein, ein ehrliches Wort, frei von Überschwang, aber voll mitfühlenden Verständnisses für das Edle und Echte seiner Kunst zu sprechen. Möge es ihm, jetzt da der fröstelnde Herbst ins Land zu ziehen sich anschickt, wie ein warmer, belebender Frühlingsgruß den Muth erlaben.

II.

Wenn man von einem Componisten sagt, er sei Wagnerianer, so besagt das im landläufigen Verstande noch sehr wenig. Du lieber Himmel, was will denn heutzutage nicht alles „Wagnerianer" sein! Zu ganzen Rudeln laufen sie in der besten der Welten herum, die Leitmotivjongleure, die Ritter vom verminderten Septimenaccord, die Instrumentationsbezwingmeister und Textselbstdichter. Sclavisches Copiren gilt als „Treue", karrikirende Übertreibung wird „Fortschritt" genannt; so steht zur Beschönigung jeder Untugend ein prächtig Wort zu Diensten. Nein, nein, wenn sich mir Einer als Wagnerianer ausgibt, so drückt er damit nur ein geschichtliches Verhältnis aus. Über seine künstlerische Eigenschaft ist man darnach kaum klüger als zuvor, denn der gegenwärtige Erfahrungsbegriff deckt sich mit der Bedeutung des Wortes durchaus nicht.

Was machte Wagners ganz besondere Art als Künstler aus? dass ihm zeitlebens ein bestimmtes hehres Ideal vorschwebte: die veredelte Wiedergeburt einer Kunstgattung, die im Laufe der Zeit ihrem ursprünglichen Wesen entfremdet und modisch vergemeinert worden war, die Gewinnung eines sicheren Stils für die Ausführung und Wiedergabe des musikalischen Dramas. Dieses Ideal war der Brennpunkt, worin die hundertfältigen Strahlen seines Geistes zusammenschossen, dieses Ideal in seiner ganzen leuchtenden Pracht zum Ruhme deutscher Kunst vor aller Welt erstehen zu lassen die Aufgabe seines Lebens.

Es liegt mir natürlich fern zu verlangen, dass jeder Künstler seinen Namen an ein Programm zu knüpfen habe. Aber einem treuen Schüler Wagner's stünd es doch wohl an, dem Meister nicht nur die Kunstgriffe abzugucken, sondern auch frischweg seinem zielfesten Idealismus nachzueifern. Und da muss man denn gestehen, dass in dieser Hinsicht keiner unter den namhaften Wagnerianern so bestimmt und treu dem Vorbilde des Meisters gefolgt ist, als eben Martin Plüddemann.

Auch sein Künstlerthum steht unter dem Zeichen eines Programmes, mit dem er steht oder fällt. Wie man ein solches Panier trotz allen Gegnern und Zweiflern, gegen Übelwollen, Missverstand und Gleichgiltigkeit durchs Leben trägt, das hat er von dem Großen von Bayreuth gelernt.

Man nenne unter den heutigen Künstlern doch denjenigen, der sich mit gleich hingebendem Bemühen, in Wort und That, theoretisch und praktisch für die Pflege seiner auserwählten Kunstgattung eingesetzt hätte?

Ich denke, solch ein Streben ist aller Ehren wert. Und jeder gewissenhafte Kritikus müßte davor respektvoll salutieren, bevor er die Schärfe seiner Klinge an dem Ergebnis dieses Strebens versucht. Statt dessen erlebt man leider, daß meist mit größter Unbesonnenheit ohneweiters drauf losgehauen wird.

Da gibt es weise und gerechte Richter, die Plüddemann's „einseitige Balladenmanie" verurtheilen zu müssen glauben. Nun, man hat es ja seinerzeit auch Wagner verübelt, daß er „nur Opern" und nicht auch etwa Quartette und Lieder ohne Worte zu komponieren pflegte. Ob Jemand vorzugsweise Balladen oder Opern oder Symphonien oder Alles durcheinander komponiert, ist — sollte man meinen — eine rein persönliche Angelegenheit, insolange diese Balladen, Opern, Symphonien u. s. w. eben besser sind als jene Producte, die von gleichstrebenden Zeitgenossen zu Tage gefördert werden. Und daß Plüddemann in unseren Tagen als der bedeutendste Balladenkomponist zu gelten hat, ist von sehr Vielen behauptet und eigentlich von Niemandem geleugnet worden.

Oder richtet sich der Tadel etwa dagegen, daß Plüddemann fort und fort sich dafür bemüht, daß man der Ballade in unseren Concertprogrammen mehr Raum gebe? Auch dies zu rügen scheint mir weder gerecht noch weise. Als ob es sich nicht von selbst verstünde, daß Jeder, der eine bestimmte Sache versicht, dies mit einer gewissen Ausschließlichkeit thun muß; das gehört nun einmal zum Wesen des behauptenden Stils und ist im Grunde gar nicht so radical gemeint als gesagt. Gar ein Künstler verschanzt sich nicht erst lang hinter vorsichtige „wenn" und „aber", sondern geht keck auf sein Ziel los, ohne dabei nach rechts und links vor andern, gewiß nicht minder erstrebenswerten Zielen Complimente zu machen. Und seis auch, daß ihm der Eifer für seine Sache zur Rücksichtslosigkeit und Mißachtung gegen alles Andere hinreißt, so braucht man doch nicht immerzu mit dem Finger auf dieses gewiß sehr menschliche Vergehen strafend hinzudeuten und so von der eigentlichen Frage abzulenken: „Ist das Ziel selbst ein gutes oder nicht."

Die Antwort darauf wird unter Verständigen nicht

zweifelhaft sein. Jedermann würde es mit Freude begrüßen, wenn es gelänge, unseren im Laufe der Zeit recht einförmig gewordenen Concerten durch die dauernde Einfügung eines neuen Elementes mehr Reiz und Mannigfaltigkeit zu verleihen. Jedermann, der berufen ist, die Entwickelung unseres musikalischen Lebens durch Rath und That zu lenken, sollte mithelfen, das Publikum von der alten Amme Gewohnheit loszutrennen und seine Empfänglichkeit für die theoretisch zwar anerkannte, aber praktisch lange nicht entsprechend gepflegte Ballade durch Versenkung in ihren eigenthümlichen Stil und in ihre besonderen Schönheiten zu erhöhen trachten.

Der Einwand freilich hätte einige Berechtigung: „Die Frage nach dem Wert der Ballade überhaupt und der Plüddemann'schen im Besondern gehört doch nicht zu den Hauptfragen der Musik. Wir müssen zuerst die gerade fälligen Probleme, welche die Weiterentwicklung der Kunst in sich bergen, zu lösen trachten und haben für die Ballade nur eine ziemlich beschränkte Zeit übrig." Gewiß, zu den sogenannten „brennenden" gehört die Frage nicht und es fällt Plüddemann auch gar nicht ein, zu verlangen, daß sich die ganze Welt vor allem andern mit der Ballade zu befassen hat. Aber zwischen „hauptsächlich" und zwischen „gar nicht" gibts doch viele Mittelstufen und ein bischen zu viel würde jetzt mit Rücksicht auf das bisherige viel zu wenig keineswegs schaden. Und was die sogenannten „fälligen Probleme" betrifft, ist es speciell auf dem Gebiete der Musik nicht leicht, solche für die nächste Zukunft namhaft zu machen. Keines von ihnen, kann sich eine solche Wichtigkeit beimessen, daß seine Vernachlässigung eine Sünde gegen den Geist der Zeit bedeuten würde. Und selbst wenn es ein solches von der Mehrheit der Künstler anerkanntes Problem gäbe, so ließe sich immer noch der Satz vertheidigen, daß man sich am besten mit jenen Aufgaben befaßt, zu deren Durchführung die rechten Männer vorhanden sind. Es mag an und für sich gleichgiltig sein, ob die Kunstwelt jetzt oder in zwanzig Jahren an das Balladenproblem ernsthaft herantritt. Ob wir aber dann auch einen für das Genre so specifisch beanlagten, mit all seinen Eigenheiten so vertrauten, beredten und zum Lehrmeister befähigten Künstler auf dem Gebiete haben werden, fragt sich noch sehr. Übrigens, abgesehen davon, scheint mir die Ballade um ihrer selbst willen Anspruch genug auf das Interesse auch schon der heutigen Kunstfreunde zu besitzen.

Die Ballade ist eine altgermanische Kunstgattung. Jene Heldenlieder, worin unsere Vorfahren die Thaten ihrer Könige und Kämpen zum Klange der Harfe sangen und sagten, waren Balladen, theils zeilenweise fortlaufend, wie z. B. das althochdeutsche Hildebrandslied, theils strophisch gegliedert, wie die nordischen Dichtungen. Später durch das umfängliche recitierte Epos verdrängt, lebte die Ballade am Ende des Mittelalters wieder auf und stand im 16. Jahrhundert in voller Blüthe. Da sang man überall in deutschen Landen vom edlen Moringer, vom Tannhäuser, vom Grafen von Rom oder von kühnen, ritterlichen Räubern, wie vom Lindenschmidt und vom Eppele von Geilingen u. a. m. Der reiche dänische Balladensang des Reformationszeitalters geht, wenigstens in formaler Hinsicht auf deutsche Vorbilder zurück. Darnach verschwindet mit der zunehmenden Romanisierung unseres Geisteslebens die Ballade wieder, bis die von Percy 1765 herausgegebene Sammlung altenglischer Balladen das Interesse an der Gattung neuerdings weckt und belebt. Herder, als genialer Übersetzer, Goethe, Schiller und nach ihnen die Romantiker (besonders L. Uhland) als Originaldichter, schaffen uns eine stolze Reihe von deutschen Meisterstücken ihrer Art, nur dass es nicht für den Gesang berechnete, sondern Lese- oder Literaturballaden sind. Ganz selbstständig griffen dann die Componisten zu diesen Texten. Über Zumsteeg, den in diesem Zusammenhange noch nicht genug gewürdigten Tomaschek und Franz Schubert führt die geschichtliche Entwickelung zu Löwe, dem unbestrittenen Großmeister des Genres, das in dieser dritten Periode zum ursprünglichen Typus: „Einzelgesang mit instrumentaler Begleitung" wieder zurückkehrt.

Wir verehren in Löwe einen der größten Charakteristiker der Tonkunst, einen Meister, dessen naives Genie für jede epische Dichtung die einzig treffende Weise fand, ihr eigenthümliches Colorit so treu musikalisch wiedergibt, dass wir bei den allermeisten seiner Werke die Empfindung haben: das kann gar nicht anders componiert werden! Loewe erfindet Motive von solcher frappant bezeichnenden Prägnanz, wie wir ihnen nur noch bei Richard Wagner wieder begegnen, seine musikalische Ausdrucksweise ist immer natürlich und wahr, hält sich also ebenso fern von subjectiver Willkür als von falscher Affectation. Am heimischsten fühlte sich Loewe freilich in der romantischen Sphäre und überall dort, wo er seinen fein schmunzelnden Humor spielen lassen kann. Was nach Loewe von begabten Tonsetzern wie Schumann, Liszt, Draeseke u. a. an Balladen vereinzelt componiert wurde, bedeutet bei allem absoluten Kunstwert doch nicht viel für die Geschichte der Gattung. Schumann hat eine neue Balladenform, die Chorballade, die bei ihm fast oratorienhaft geartet war, ins Leben rufen wollen; sie erhielt sich nach Einschränkung der solistischen Theile als sogenannte Liedertafelballade, und das Bedürfnis der Gesangvereine nach effectvollen Compositionen brachte sie zu einer stattlichen Blüthe. Obzwar manche dieser Erzeugnisse wertvolle musikalische Momente enthalten, z. B. Schumann's „Des Sängers Fluch" oder durch außerordentliche Charakteristik interessieren — wie z. B. Hugo Wolfs genialischer „Feuerreiter" — und obzwar viele Componisten (z. B. Rheinberger) eine große Kunst des Satzes darin entfaltet haben, wird man die Chorballade doch immer nur als Seitentrieb ansehen dürfen und die natürliche Entwicklung an der Stammform, der Ballade für Einzelvortrag zu verfolgen haben. Ist doch schon die Voraussetzung der Chorballade, daß mehrere Menschen zugleich eine Geschichte erzählen widernatürlich und erkünstelt. Anders steht es um die strophische Solo-Ballade mit Refrain des Chores, ein Typus, der schon im germanischen Alterthum nachweisbar ist und wofür der 2. Act von Wagner's „Fliegenden Holländer" ein allbekanntes, classisches Beispiel bietet.

Einen Schritt über Loewe hinaus that endlich unser Martin Plüddemann, nicht nur dadurch, daß er die bei Loewe noch schwach vertretene heroische Ballade besonders pflegte, sondern auch in formaler Hinsicht, indem er in seinen Werken den von Wagner erschlossenen Sprachgesang bewußtvoll anwandte und die Instrumentalbegleitung durch zum Theil symphonische Durchführung der Motive und durch allerlei malerische Züge mannigfach bereichert hat. In letzterem Betracht gingen wohl einzelne modernste Componisten Wagnerianischer Richtung noch bedeutend weiter, ohne daß man ihre Leistungen als einen wirklichen Fortschritt bezeichnen könnte, weil sie die bei Plüddemann mit tiefer Einsicht in das Wesen der Ballade immer noch bewahrte Geschlossenheit der Form ohne Roth vollständig sprengen und den freien dramatischen Stil unbesonnen in eine ganz anderen Gesetzen unterworfene Kunstgattung verpflanzen.

Es gibt eigentlich nur drei Hauptformen der Vocal-musik: das Lied, die Ballade und das Drama. Lied und Drama haben das gemeinsam, dass sie Empfindungen, bezw. Vorgänge als gegenwärtige oder gar als soeben entstehende dargeben, während die Ballade jene Vorgänge und Empfindungen als der Vergangenheit angehörige behandelt. Lied und Drama sind unmittelbarer Ausdruck, die Ballade ist Schilderung. Sie ist gleichsam ein Klang aus alter Zeit: daher zuweilen das Alterthümliche, das ihr auch im Musikalischen anhaftet. Denn in unserer Vorstellung ist die Vergangenheit mit der alten Musik so innig assoziiert, dass der feinfühlige, stilsichere Componist darauf Bedacht nehmen muss. So conservieren sich in der Ballade musikalische Eigenthümlichkeiten verflossener Epochen und so schließt sie gewisse ganz moderne Ausdrucksweisen vollständig aus. Jene Alterthümlichkeiten, als da sind: symmetrische Gliederung, strophischer Bau und volksliedmäßige, diatonische Melodik in den wichtigsten Theilen erleichtern ihre Verständlichkeit beim Publikum, die freilich wieder durch andere Momente gar sehr erschwert wird.

Kein Kunstverständnis ist möglich ohne Erziehung dazu und unser Publikum wird, wie die Verhältnisse jetzt liegen, zum Erfassen des epischen Musikstils nicht nur nicht erzogen, sondern daran auch durch die überwiegende Vorführung lyrischer und dramatischer Tonwerke geradezu verhindert. Es ist durch Concert und Theater gewöhnt, Musik als unmittelbaren Erguss aufzunehmen, es will mit geschlossenen Augen im Melos schwelgen oder einem sichtbaren Vorgange folgen: der vermittelnde, berichtende epische Musikstil, der Anforderungen an die eigene Phantasiethätigkeit der Hörer stellt, ist ihm fremd geworden. Hat doch auch die einst blühende epische Dichtkunst sich fast ganz auf Roman und Novelle zurückgezogen und auch diese sind vom Schriftsteller nicht für den öffentlichen Vortrag, sondern für das stille Lesen daheim angelegt. Infolgedessen verkümmert die Fähigkeit, einer vorgetragenen Erzählung zu folgen immer mehr und mehr, und wir schulden deshalb aufrichtigen Dank einem Manne, der seine Lebensaufgabe darin erblickt, eine der edelsten und schönsten epischen Kunstformen, die musikalische Ballade in ihre Rechte einzusetzen und ihr den gebührenden Platz neben den lyrischen und dramatischen Kunstwerken wiederzuerobern. Theoretisch geht das freilich nicht allzu schwer. Aber in der

Praxis stößt man auf zahllose Hindernisse. Unser musik-
freundliches Publikum — und vielen wohlweisen Fachleuten
geht es ebenso — beurtheilt leider noch immer Balladenmusik als Musik schlechthin und stellt sich damit von
vornherein auf einen falschen Standpunkt, von dem aus es
nur gewisse nothwendige Gebrechen, aber wenig von den
Schönheiten und gar nichts von den specifischen Schönheiten der Ballade wahrnehmen kann. Freilich tragen auch
vielfach die mit dem Stile der Ballade schlecht vertrauten, im
lied- oder opernhaften Vortrag allein bewanderten Sänger
die Schuld, welche eben bernfen wären, die Gebrechen vergessen zu machen und die besonderen innewohnenden Schönheiten in das rechte Licht zu setzen.

Aus dem grundsätzlichen Umstande, daß die Ballade
Schilderung, nicht unmittelbarer Ausdruck ist, folgt nämlich
zunächst ein gewisses gehaltenes Wesen. Brennende
Farben, äusserste Lebendigkeit und Sinnlichkeit verträgt sie
nicht, muß sie dem Drama überlassen. Daher das Intime,
Keusche, mehr Anregende als voll Ausgeschöpfte ihrer Wirkungen.

Wer sich über diese wesenhaften Eigenthümlichkeiten klar
geworden ist, wird sich auch zu erklären wissen, warum die
absoluten Musiker vielen geradezu meisterhaften Balladencompositionen keinen Geschmack abgewinnen können, warum
sie sie dürftig finden und die musikalische Tiefgründigkeit vermissen, eben weil sie stets nach lyrischer Fülle und dramatischer Schlagkraft suchen. Anderseits wird er auch
einsehen, daß man denjenigen, die es versuchen den vollen
lyrischen Strom und die eindringliche Gegenwärtigkeit des
Dramas und seinen prangenden Farbenreichthum der Ballade
ohneweiters zuzuführen, bei aller äusseren Wirksamkeit, die
damit unstreitig erzielt wird, doch kein wahres, künstlerisches
Verdienst um das ganz selbständige, eigenartige, epische Genre
in der Musik zusprechen kann.

Ich hege alle Achtung vor den componierenden Wagnerianern, selbst wo es mir vorkommt, daß sie in Übertrei-
bungen verfallen und von der Bahn der natürlichen
Entwickelung der Musik excentrisch abschweifen. Die
Geringsten unter ihnen, wenn sie nicht gute Maler sind,
sind doch geschickte Farbenreiber. Nicht Wenige verfügen
auch über eine ansehnliche Erfindungskraft, und obzwar naive
Einfälle ihnen nur selten zufliegen, machen sie auf ihrer Suche

doch manchen kostbaren Fund. Sie sind durchwegs productiv, sehr fleißig und überaus kenntnisreich. Aber doch fehlt es ihnen im Allgemeinen ganz auffällig an dem, was gerade ihren Meister in so hervorragender Weise auszeichnete: an Stilgefühl, nämlich nicht etwa für den persönlichen Stil der einzelnen Componisten, sondern für den generellen der einzelnen Kunstformen. Gerade in diesem lebendigen Stilgefühl liegt aber ein bedeutsamer Vorzug Plüddemanns, gerade hierin zeigt er sich als getreuester Wagnerschüler. Er hat ihn nicht auf seinem eigensten Felde nachgeahmt, er hat ihn nicht in seinen Ausdrucksmitteln zu überbieten gesucht, sondern in seinem Geiste weitergestrebt, indem er, wie Jener den Stil des musikalischen Dramas, so den Stil der Ballade durchzubilden und eine feste Tradition zu seiner Fortpflanzung auf die Nachwelt zu schaffen sich bemühte. Nicht sklavischer Trabant und nicht anmaßender Rivale, sondern Souverän wie der bewunderte Meister, wenn auch auf einem engeren, bescheideneren Gebiete zu werden, war der Traum seines Lebens.

Hier läge es nahe, vom „Wagner der Ballade" zu sprechen. Ich vermeide diese Phrase, weil sie der Gleichartigkeit des Strebens zuliebe den Unterschied der Begabungen anzudeuten vergißt und auch noch aus einem andern Grunde. Man hört nämlich jetzt häufig den oder jenen namhaften Tonsetzer als „Wagner des Liedes" oder als „Wagner der Symphonie" rühmen, womit nichts anderes besagt werden soll, als daß der Betreffende der Wagner'schen Compositionsweise zur Verfertigung von Liedern oder Symphonien sich bediente. Auch in diesem Sinne darf man Plüddemann nicht als „Wagner der Ballade" bezeichnen, weil er sich nur gewisser Ausdrucksmittel Wagners und auch dieser nur mit seinfühliger Rücksicht auf ihre Zulässigkeit im epischen Stile bedient hat. Ich betone das hier nochmals auf das nachdrücklichste, um dem verbreiteten Vorurtheil zu begegnen, als handle es sich auch bei Plüddemann um eine äußerliche Übertragung Wagnerscher Manier auf ein anderes Gebiet. Vielmehr lehrt ein über das oberflächliche Befassen hinausgehendes Studium der Compositionen Plüddemanns, daß man es hier mit einer durchaus stilvollen, wohlüberlegten Bereicherung der Balladenmusik durch gewisse, auch für die Ballade fruchtbare Errungenschaften der neudeutschen Tonkunst zu thun hat.

Alle Achtung nochmals vor den componierenden Wagnerianern. Ich bewundere sie in ihrem Wagemuth und
ihrer Pracht. Hei, wie sie schillern, gleißen und glänzen, wie
hoch sie sich schwingen, als gälts an die Sterne zu fliegen.
Hosianna ihren ungeheueren Musikdramen, ihren großartigen
symphonischen Dichtungen, ihren Liedern und Chören, subtil
bis zur Unfaßbarkeit, feurig, leidenschaftlich und kühn bis
zur Tollheit! Da blicken sie von ihrer stolzen, schwindelnden
Höhe herab auf den Plüddemann und seine Balladen. Aber
gemach ihr Herren, der Mann, wenn er auch kein solch be-
rückendes Pfauenrad schlägt, ist euch doch „über" in manchen
großen Dingen, die ihr nicht schätzt, weil ihr gar nicht einmal
merkt, wie sehr sie euch selber fehlen. Gewiß liegt mirs
fern, einen Künstler auf Kosten des anderen zu erheben: man
freue sich an dem, was er Schönes bietet, und suche, was
man an ihm etwa vermißt, eben anderswo. Aber daß die
Leute immer nur unverwandt den Pfauen und ihrem Prunk
radschlagen zusehen und für Plüddemanns besondere, künstlerische Tugenden keinen Blick haben, das ist eine Ungerech-
tigkeit, gegen die ich nicht nur im Interesse des schnöde
Zurückgesetzten, sondern im allgemeinen Interesse der Kunst
ganz entschieden protestieren muß.

Platz auch für Plüddemann und die Pflege
der musikalischen Ballade!

— · —

III.

Martin Plüddemann gehört als Musiker dem rechten
Flügel der Wagner'schen Schule an. Inwieweit dies
ein Ergebnis seiner künstlerischen Individualität oder eine
Folge des, wie wir feststellten, conservativen Charakters
der Ballade ist, das bis in die letzten Tiefen zu erforschen,
scheint mir an dieser Stelle müßig. Offenbar hat Beides
zusammengewirkt und sich wechselweise bedingt. Der Componist
selbst schrieb mir einmal die beachtenswerten Worte: „Wagner
hat es, namentlich in den späteren Werken, wenn man die
Partitur (nicht den Auszug!) betrachtet, zu einem ungeahnten,
staunenswerten Reichthum der Musik gebracht. Was sind
das aber auch für Stoffe! Solche, die die ersten und letzten
Dinge des Alls wie mit Riesenarmen umfassen. Da paßt
es hin! Für kleinere Vorwürfe, wie seine Nachfolger sie

wählen, paßt der eigentliche Wagnerstil schlecht, er lastet in seiner — ich möchte sagen metaphysischen Größe und Wucht auf den sehr physischen, irdischen und oft kleinlich-realistischen Stoffen unserer Tage. Wagner mußte sich für seine nicht so bald wiederkehrenden Aufgaben seinen eigenen, unerhört neuen Stil bilden, welcher geradezu an Bachs Urwaldsreichthum (Grund: Dieselbe Größe der Vorwürfe) erinnert ..." Ich glaube, man kann als unbedingter Wagnerianer, der seinerzeit noch mitten im Parteikampfe gestanden hat, nicht besonnener und einsichtsvoller urtheilen.

Aber was hat dem armen Plüddemann all seine künstlerische Besonnenheit gefrommt? Jene Musikerkreise, die sich als die angestammten Hüter des classischen Kunsthortes fühlen, waren den Compositionen eines Wagnerianers von vornherein verschlossen. Unter den Wagnerianern selbst wollt es ihm aber auch nicht glücken. Da gab es eine, übrigens jetzt fast ausgestorbene Species, die es geradezu für überflüssig, wenn nicht für thöricht hielt, nach dem Meister überhaupt noch etwas zu componieren. Nunmehr sind freilich die sogenannten Jungwagnerianer obenauf, Fortschrittler um jeden Preis, die sich für die Allotria unserer modernsten tonsetzenden Brauseköpfe weit mehr interessieren, als für Plüddemanns gereifte und besonnene Kunst. Ein Mann, der mit dem Dreiklange beginnt und aufhört gilt bei diesen Jakobinern der Musik natürlich als veraltet und rückständig. Von älteren Wagnerianern hört und liest man ja ab und zu ein freundliches Wort über seine Balladen. Vermuthlich glauben sie dem einstigen Kampfgenossen den Ausdruck öffentlichen Wohlwollens schuldig zu sein. Denn daß sie sich mit den in Betracht kommenden Problemen, bezw. mit den Compositionen selbst einläßlich befaßt hätten, ist aus ihrem, recht allgemein gehaltenen Lobe meist nicht zu ersehen.

Rosegger bezweifelt irgendwo einmal, daß es den Wagnerianern, die, des Meisters Worte nachbetend, eitel Hochachtung vor dem Volksliede zur Schau tragen, auch wirklich damit Ernst sei. Und Rosegger ist ein guter Menschenkenner! Die rothen Wagnerianer, die zur Zeit entschieden die Überzahl bilden, haben, man sage was man wolle, nur ein sehr platonisches Verhältnis zum Volksliede. Sie wissen mit ihm einfach gar nichts anzufangen. Als dann ein beglaubigter Angehöriger der Partei, Engelbert Humperdink mit seinem köstlichen Märchenspiele zeigte, was sich aus

Volksliedern machen läßt, da sagten sie im ersten Erstaunen: „Amen" und waren froh, mit einem weithin sichtbaren Beispiel die theoretische Vorliebe der Wagnerschule für das Volksthümliche, für das Kindliche sogar, endlich einmal belegen zu können. Aber seltsam: — trotz des außerordentlichen Erfolges hat Niemand es versucht, Humperdinck auf seinen Bahnen zu folgen. Zwischen den landläufigen Wagnerianern und dem Volksliede ist eben jede practicable Brücke abgebrochen. Ja einer unserer modernsten und angesehensten Kritiker, hat anknüpfend an die jubelnde Aufnahme von „Hänsel und Gretel" beim Publikum eine Art ästhetischen Feldzug gegen das Volkslied eröffnet und mit unstreitig vielem Geiste darzuthun versucht, daß die „Wiederauferstehung des Volksliedes" im Grunde nur den Rückfall in das Triviale bedeute.

Ob sich der noch einen getreuen Wagnerschüler nennen darf, der solche Ansichten bekundet? Des Meisters Kunst war äußerlich gewiß nicht volksgemäß. Aber sie sog ihre innere Lebenskraft aus dem deutschen Volksgeiste, sie wurzelte dichterisch in der Volkssage, musikalisch in den Urweisen des Volksliedes. Und die Chöre im „Fliegenden Holländer", die in den „Meistersingern", das Lied des Steuermanns und das des Kurvenal im Tristan beweisen, daß ihm jederzeit, wo er sie brauchte, echt volksthümliche Ausdrucksweise zu Gebote stand. Diese Fähigkeit geht den Jungwagnerianern ab, wie sich jeder überzeugen kann, der jene Stellen in's Auge faßt, wo die Situation sie zwingt, volksthümlich sein zu wollen. Das klingt so gemacht, so steif, so gar nicht aus dem Vollen heraus, und man ist froh, wenn sie erst wieder am Ufer der Kunstmusik anlanden. Da haben sie mit einemmale wieder festen Boden unter den Füßen. Aber etwas Volksthümliches zu schaffen muß ihnen bei ihrer überkomplicierten, von der Intelligenz zersetzten, decadenten Psyche mißlingen.

Als Engelbert Humperdinck kam und eine Fülle reizender und plastischer Melodien vor uns hinschüttete, da schrien sie von allen Seiten: er hat keine Erfindung, er hausiert mit Volks- und Kinderliedern! Hätten sie eine wirkliche Kenntnis der deutschen Volkslieder gehabt, so müßte ihnen bewußt sein, daß im Ganzen nur drei Volksweisen von Humperdinck übernommen, die andere aber und zwar gerade die schönsten (wie der Abendsegen, das Tanzlied, die Gesänge

des Thau- und Sandmännchens, die Waldmelodie, der Knusper-
walzer u. s. w.) sein alleiniges geistiges Eigenthum waren.
Freilich viele moderne Musiker können sich gar nicht mehr
vorstellen, daß man so was heutzutage auch erfinden kann.
Das muß in ihren Augen unter allen Umständen entlehnt
sein. So urtheilt auch die Kritik und weckt dadurch die Sehn-
sucht nach jenem paradiesischen Zeitalter, wo dergleichen lieb-
liche Blüthen sozusagen wild am Wege wuchsen. Gott sei
Dank aber, es gibt noch Leute, Kernwagnerianer sogar, denen
auch etwas Volksthümliches einfällt, plastische Motiv-
gestalten, nicht nur chromatisch zerfließende Schemen. Indem
man seine Weisen als wirkliche Volkslieder hinnahm, hat man
freilich Humperdincks Kunst unbewußt ein tiefes und wohl-
verdientes Kompliment gemacht. Die Geschichte wird den
wahren Sachverhalt schon an den Tag bringen.

Wer im Volksliede nur die durch Tradition geheiligte
Trivialität wahrnimmt, hat wie ich glaube übersehen, daß
das Volkslied den von des Gedankens Blässe nicht angekrän-
kelten Ausdruck der menschlichen Grundempfindungen
darstellt, jener Empfindungen, welche in der Seele stets neu
entstehen und darum allgemein verstanden werden können.
Das Volkslied analysiert die Empfindungen nicht, es geht
auf ihre secundären Differenzierungen im Strudel des Lebens
nicht ein oder es führt sie gar auf ihre primären, Erscheinungs-
formen zurück. Daher das Einfache, Gesunde
des Volksliedes, das man deshalb mit Recht einen Jung-
brunnen der Poesie und Musik zu nennen pflegt. In Meister
Wagners Geiste, da sprangen noch gar frische Quellen, die er
dann in das breite Strombett seiner großen Kunst einmünden
ließ. Gewiß liefen auch viel moderne Zuflüsse mit ein: sie
trübten vielleicht hie und da die durchsichtige Klarheit der
Musik, aber sie verliehen dafür den Reiz des wechselnden
Colorits. Die Schüler haben diesem Zufluß alle Schleußen
geöffnet. Indessen die frischen musikalischen Quellen sind ihnen
versiegt, sie müssen sie durch zugeleitete, unursprüngliche ersetzen.

Warum ich das alles hier vorbringe? Um zu zeigen,
daß die den Plüdemannschen Balladen eigene volksthümliche Melodik, mit welcher die meisten Jungwagnerianer
durchaus gebrochen haben, ihm das volle Recht gibt, sich einen
treuen Schüler seines unvergeßlichen Meisters
zu nennen.

„Wenn ich die großen Alten betrachte“ schrieb Plüddemann neulich „so ergreift mich die Wehmut so tief: Wem
doch auch, und zwar heute noch, etwas ganz Reines und
Naives gelingen könnte!“ Nun, ich glaube; in seiner „Einkehr (Bd. L Nr. 6.) und noch mehr in „Graf Eberhards Weißborn“ (Bd. I. Nr. 6.) ist ihm das gelungen,
und ich wüßte außer Humperdinck unter den lebenden Componisten Keinen, der etwas von dieser Art zu erfinden
vermag. Humperdinck ist eben auch ein Altwagnerianer, ein
Vertreter der guten, rechten Tradition. Aber die Jungen —
deren Vorzüge muß man in ganz anderer Richtung, auf
ganz anderem Gebiete suchen. Das Zwischenspiel in „Eberhards Weißborn“ nach den Worten „Wie es gewachsen war“
ist eine der reinsten, naivsten Inspirationen von rührendem
Ausdruck und einfachster Structur. Und dabei — das darf
nicht übersehen werden — hält sich die Musik immer episch,
schildernd, unpersönlich, echt balladengemäß. Gleich einer in
Aquarellfarben zart kolorierten Federzeichnung erscheint uns
das Bild des deutschen Recken, dem unter seinem Lieblings-
baume träumend die Erinnerung an die alte Zeit durch die
Seele zieht. Ich fürchte sehr, es wird nicht Viele geben, die
sich die Empfänglichkeit bewahrt haben, den unbeschreiblichen
keuschen Reiz dieser Stelle mitfühlend auszukosten. Denn er
ist so still, so ganz frei von sinnlichem Beiklang und ganz ohne
harmonische Magierkünste hervorgebracht!

Plüddemann hat eben eine in unserem übercivilisierten
Zeitalter so seltene, starke, volksthümliche Ader. Früh-
zeitige liebevolle Beschäftigung mit dem Volksliede (seine ersten
Compositionsversuche waren bezeichnender Weise vierstimmige
Bearbeitungen landläufiger Volksgesänge) und unausgesetztes
Studium auch in reiferen Jahren (Plüddemann ist ein vor-
züglicher Kenner des altdeutschen Volksliedes und hat in seinen
„Liedern und Gesängen“ (München, Alfr. Schmid) mehrere herrliche Blüthen des Volksgesanges aus dem 14. bis 17. Jahrhundert in sehr feinsinniger Bearbeitung herausgegeben) kam
einer natürlichen Anlage zu Hilfe, der wir so manche köstliche
volksthümliche Weise, namentlich im Charakter des Heroisch-
Kräftigen verdanken. Man höre z. B. den Eingang zu „Biterolfs Heimkehr“ (Bd. II. Nr. 4.)! Wie markig in grund-
deutschen, tiefgefurchten Linien, die oft an jene altdeutscher
Bilder gemahnen, schreitet da der straffe 4/4 Tact einher!
Das ist natürlich, frisch und gesund „wie ein voller Zug der

2*

Luft in Harzwalds Mitten". Ich weiß nicht, ob mir das Andere so nachempfinden werden, ob mich da nicht die Erinnerung an jenen Abend mitbestimmt, da wir im Freundeskreise einen ganzen Stoß moderner Lyrik am Klaviere vornahmen, Schönes und Scheußliches, Echtes und Gemachtes, Ernstes und Seichtes durcheinander. Wir waren ermüdet durch fade Rhythmen, abgespannt durch absonderliche Tactarten, überreizt durch ewig allerierte Accorde, als Plüddemanns Balladenhefte auf das Pult gelegt wurden. Wie da in „Biterolfs Heimkehr" der unverfälschte Viervierteltakt, gut markirt durch eine auf jedem Tacttheil sitzende Note, mit reinen Harmonien anhob — da fühlten wir uns wie neu geboren; und fort giengs so in „Ritter und Königstochter" (Bd. III. Nr. 2) in „Kaiser Heinrichs Waffen" (ebd. Nr. 3), in „Toggenburg" (Bd. IV. Nr. 4), in der „Legende vom heil. Stephan" (Bd. V. Nr. 1.) und in der vom „Ritter Thedel" (ebd. Nr. 2.) immer derselbe herrliche, urdeutsche, kräftige Viervierteltakt! Solche Einschätzung nach ganz persönlichen Erlebnissen mag Manchem als Zeugnis für die Unfähigkeit zum objectiven Urteil erscheinen. Einsichtige werden wissen, daß unser Wohlgefallen an einem neuen Kunstwerke stets zum guten Theil von äußeren Umständen abhängig ist, welche heimlich den Liebestrank für uns brauen, durch dessen Kraft wir eine Offenbarung in jedem unscheinbaren Zuge zu verspüren glauben. Suggestion ist alles. Genug wenn der nachprüfende Verstand so viel von der Begeisterung entdeckte Schönheiten bestehen läßt, daß die Liebe bleiben darf, wenn die blinde Leidenschaft auch längst sich verflüchtigt hat.

Plüddemanns Kompositionen sind mir heute noch fast alle so sympatisch wie am ersten Tag, auch jene, die nicht im ⁴/₄ Takte geschrieben sind, wie z. B. „Der Kaiser und der Abt" (Bd. IV. Nr. 5). Dieses in Löwes Art — man vergleiche seinen Fridericus rex — gehaltene Stück ist mir besonders lieb und man möchte wünschen, daß sich Plüddemann öfter in dieser humorvollen Weise vernehmen ließe. Auf die große Stelle: „Ich will dich belehnen mit Ring und mit Stab" u. s. w., durch Umbildung eines schon früher verwendeten Motives gewonnen, sei hier noch als auf ein Musterstück volksthümlicher, ungesuchter und dabei nie in's Triviale verfallender Melodik aufmerksam gemacht. Und wenn etwa einige Tiftler gerade in solchen Sätzen die „Originalität" vermissen sollten, etwa mit dem Hinweis auf ähnliche melodische Gebilde in älterer volksthümlicher Musik, so muß man diesen wieder einmal unmißverständlich in's Gesicht sagen, daß die wahre Originalität nicht in Absonderlichkeit besteht, nicht einmal in der Ungewöhnlichkeit, die stets nur eine Folge machtvoller Persönlichkeit des Künstlers ist. Originell als Dichter ist nicht immer der, der eine Menge neuer Wörter bildet oder zusammensetzt, aber stets derjenige, der die gewöhnlichen Ausdrücke gewissermaßen neuschafft, indem er die zu Grunde liegenden Vorstellungen neu appercipiert, und dadurch den Eindruck des Selbstgeschauten, des Lebensvollen erweckt, im Gegensatze zum bloß Nachgesprochenen, Nachgemachten und darum auch Unanschaulichen. Sollte es wohl beim Musiker anders sein? Auch bei diesem wird es darauf ankommen, ob sich ihm bei der Wiedergabe einer Stimmung der melodische Gedanke mit voller Lebendigkeit als der einzig richtige Ausdruck aufdrängte oder ob er in Erinnerung an Gehörtes, phraseologisch ihm ins Bewußtsein trat. Lohengrins Heroenthema findet sich fast genau im Adagio der C-Moll-Symphonie von Beethoven. Ist es darum bei Wagner eine Reminiscenz? Gewiß nicht. Die Übereinstimmung von Charaktermotiv und Gegenstand ist hier für unser Gefühl so schlagend, daß wir uns sagen: diese motivische Gestalt muß Wagner ganz unmittelbar, aus der Vorstellung seines ritterlichen Helden heraus gebildet haben, sie ist eine Schöpfung seiner Phantasie und ob Hundert Andere vor ihm die gleiche Form sich erfanden. So mag auch manche Plüddemannsche Melodie vielleicht eine Parallele in dem oder jenem Volkslied haben. Was thut's, wenn sie, nur den Eindruck des Ursprünglichen, frisch appercipierten macht. Darauf kommt es in der Kunst eben vor allem andern an.

Ich wünschte, nicht mißverstanden zu werden. Es ist keineswegs meine Ansicht, daß Volksthümlichkeit das alleinige Ziel eines gesunden Kunststrebens sein soll. Namentlich in Tonwerken lyrischen Charakters wird man das Subjective, Eigenlebige, ja Eigenwillige theils dulden, theils geradezu verlangen dürfen: hier handelt es sich um freie Äußerungen der künstlerischen Persönlichkeit mit all ihren individuellen Fehlern und Tugenden. Die Ballade hingegen braucht zwar der persönlichen Färbung durch die Eigenart des Tonsetzers durchaus nicht zu entrathen, fordert aber doch im Ganzen und Großen eine gewisse Objectivität und eine gewisse allgemeine Verständlichkeit, wie sie eben der volksthümlichen Kunst eignet.

Denn sie will nicht einsam oder im kleinen Kreise nach-
empfunden werden, sie wendet sich an ein großes Publicum und
darf sich darum nicht in subjective Gedankengänge verlieren.
Ich beklage nicht die Unvolksthümlichkeit der modernen Compositionsweise, sondern das Aussterben der Fähigkeit, dort
wo es gilt, d. h. wo die Natur des künstlerischen Vorwurfs
oder der besonderen Kunstgattung es erfordert, volksthümlich
zu sein. Diese Fähigkeit hat sich Plüddemann in ganz re-
spectablem Maße bewahrt und ich sehe nicht ein, warum man
dies — etwa einzelnen, dieser Gabe nicht theilhaften gefeierten
Componisten unserer Zeit zu Gefallen, nicht offen anerkennen
und recht nachdrücklich betonen dürfte.

Die Ballade ist ein Vortragsstück und muß darnach
streben unmittelbar faßlich zu sein. Faßlichkeit ist aber nicht
nur ein Ergebnis der Bestimmtheit, Ummwundenheit und
Kraft des Ausdruckes, sondern auch zum nicht geringen Theile
durch eine übersichtliche Gliederung der Rede bedingt. Die
guten Balladencomponisten halten darum und nicht blos
nach traditionellem Gebrauche an der strophischen Satzweise
fest, indem sie durch die Wiederkehr derselben Melodie in
gewissen Strophen dem Werke Einheitlichkeit und symmetrische
Form verleihen. Diese Parallelstrophen erleichtern die schnelle
Aufnahme der Balladen ungemein, weil sie den Parallelismus
in den Momenten der Handlung laut ins Bewußtsein rufen
und Ruhepunkte für den von immer neu auftretenden musikalischen Bildungen angespannten Geist der Hörer schaffen. Auch
Plüddemann hat die wohlbegründete historische Form nicht
zersprengt sondern sie beibehalten, ich weiß nicht ob ich sagen
soll soweit es nur oder soweit es noch möglich war. Jedenfalls merkt man selbst aus seinen freiest gefügten Compositionen den strophischen Aufbau beim Hören deutlich heraus
und das ist gut so. Die bekannten Erzählungen in Wagners
Dramen können für die Structur moderner Balladen keine
Vorbilder abgeben, wie unbesonnene Schüler des großen Meisters
vielleicht meinen. Denn diese Erzählungen sind der Situation
nach aus dem Stegreife gesprochen, ihre Voraussetzungen durch
die vorausgehenden Begebenheiten des Dramas bekannt, ihre
Aussagen durch die unterstützende Geberdensprache des Er-
zählers und seiner Umgebung auf der Bühne wesentlich ver-
deutlicht. Strophische Gliederung wäre somit einerseits un-
natürlich, andererseits entbehrlich, und unser nach dieser Seite
sehr verfeinerter Geschmack sträubt sich gegen die Vorstellung.

daß etwa Siegmund die Geschichte seines Lebens in wohl-
gerundeten Strophen zum Besten gibt. Frühere Componisten
hätten es allerdings ganz in der Ordnung befunden, wenn er
sich in einer gefühlvollen Romanze ausgeklagt hätte, und wir
können daran die große Wandlung ermessen, welche das moderne Kunstempfinden nach der Seite eines stilvollen Realis-
mus im Drama gerade durch Richard Wagner erfahren hat.
Ganz anders aber liegt die Sache in der Ballade, die sich
als der vorbereitete Vortrag eines epischen Gedichtes dar-
gibt und der scenischen Hilfsmittel zum Verständnisse erman-
gelt. Hier verstößt die Strophenbildung nicht gegen die
Natürlichkeit und trägt im Gegentheil viel zur Faßlichkeit des
ganzen Kunstwerkes bei.

Unsere Balladendichter haben den Vortheil paralleler
Constructionen wohl gefühlt und bereits recht ausgiebig davon
Gebrauch gemacht. Die Balladencomponisten wiederum besitzen in der Wiederkehr der Melodie ein ohrenfälliges, unmittelbar wirksames Mittel, um der dichterischen Absicht nach-
zukommen, sie noch bestimmter herauszustellen, ja eigentlich
erst auf gewisse, vorhandene Parallelismen aufmerksam zu
machen. Man sehe z. B. Plüddemanns „Taucher" (Bd. I.
Nr. 8) sich an, wie man da in den beiden, weit auseinander
stehenden Aufforderungen des Königs (Str. 1 und 22) dadurch, daß sie in demselben Melos gehalten sind, des Parallelismus der Situationen sogleich inne wird. Angesichts
solcher Erfahrungen scheint es mir in der That kein Fortschritt, wenn man die strophische Gliederung der Ballade — ich
rede nur von dieser — einem mißverstandenen Wagnerthum
und dem Götzen der Modernität leichtsinnig hinopfern wollte.
Wie sich die wiederkehrende Melodie durch gesteigerte Klang-
fülle oder neue Art der Begleitung anziehend und abwechs-
lungsreich gestalten läßt, dafür bieten Plüddemanns Balladen
Beispiele genug. Ich erinnere z. B. an den schönen contra-
punktischen Zierrat, der in der Schlußstrophe von „Barbarossa" (Bd. I. Nr. 2) die alte Gesangsweise umschlingt.
Es ist als ob man zwischen den Epheuranken über der
Trümmerstätte der Staufenherrlichkeit das geisterhafte Antlitz
der Sage selber gewahrte.

In der Entfaltung des Clavierparts ist Plüddemann
beträchtlich über Löwe hinausgegangen. Es ist unter Musikern ja kein Geheimnis, daß der ältere Meister die Begleitung
zu seinen Balladen oft recht flüchtig niederschrieb, so daß wir

manche seiner genialen Compositionen nur als Skizzen über-
kommen haben. Bei Plüddemann dagegen ist alles sehr
sorgsam und sauber ausgearbeitet, was natürlich nur als bei-
läufiger Vorzug angeführt werden soll, da über den Wert
eines Kunstwerkes vor allem andern die Genialität des
Wurfes, nicht aber die Sorgfalt der Mache entscheidet. Zum
Zwecke der Charakteristik aber und als erfreulicher Contrast zu der
überhand nehmenden Lobbrigkeit in manchen, sogar als genial
verschrieenen modernen Compositionen durfte ich Plüddemanns
gediegene, harmonisch und contrapunktisch fein ausgeführte
Satzweise nicht ganz mit Stillschweigen übergehen.

Schon Löwe hat mitunter einen ansehnlichen Reichthum
in der Begleitung aufgeboten. Was aber Plüddemanns
Clavierpart von dem seinigen doch merklich unterscheidet, ist
das Streben nach motivischer Gestaltung, was Löwe — von
vereinzelten Ausnahmen abgesehen — noch fremd war. Das
gewählte Leit- und Hauptmotiv behandelt er dann in der
symphonischen Art Richard Wagners; er bringt es in der
Vergrößerung oder mit Verkürzung der Notenwerte; er figuriert es und variiert es, wie die Beziehung zum Texte ihm's
eingibt. So läßt er in „Graf Eberhards Weißdorn“ das
Hauptmotiv bei der Stelle „das Zweiglein ward ein Baum“
in Viertelnoten statt wie vorher in Achteln erklingen, und die
in dieser vergrößerten, ruhigeren Gestalt erscheinende Weise
malt, in Triolen und Sechzehntelgängen zart figuriert, ganz
wunderbar die „Wölbung hoch und breit“ bei deren „sanftem
Rauschen“ der „alt und laß“ gewordene Recke vom fernen
Lande träumt. So wächst die musikalische Durchführung sinn-
voll aus der Idee des Gedichtes heraus.

Daß die rein erzählenden Theile der Ballade solche
Überschüttung mit Musik nicht vertragen, sondern, wie es der
epische Stil gebietet, von Plüddemann blos auf ein paar
Accorde gestützt werden, versteht sich eigentlich von selber,
obzwar von namhaften Componisten dennoch gegen dieses
Grundgesetz gesündigt wird. Nur in den lyrisch gearteten
stimmungmalenden Partien läßt er seine Musik zu reicherer
Fülle anschwellen. Besonders sei auf die Durchführung des
Meermotives im „Taucher“ oder auf die der schwelgerischen
Sängerweise in „Des Sängers Fluch“ (Bd. I. Nr. 7) hin-
gewiesen. Zumal der zuletzt genannte Satz, von der Stelle:
„Sie singen von Lenz, von Liebe“ u. s. w. ist wahrhaft symphonisch
entwickelt und herrlich gesteigert, und ich zweifle nicht im

Geringsten, daß Jedermann, der ihn ohne Voreingenommen-
heit anhört, zu dem Schlusse gelangen wird, daß darin einer
der bedeutendsten unter den Künstlern unserer Tage sich
ausspricht.

Übrigens will mir scheinen, daß gerade dieser großartige
Hymnus, dessen voller Strom die arme Singstimme ersäufen
muß, gegen den Stil der Ballade doch einigermaßen verstößt und darum trotz seiner rein musikalischen Schönheit
nicht ganz einwandfrei dasteht. Da ich aber das Stück nur
durch Selbststudium kenne, bleibe es abgewartet, ob beim
Anhören des gut vorgetragenen Werkes die Wogen der Begleitung den etwas zerstückten Gesang tragen und nicht ver-
schwemmen. Denn es ist ein Haupterfordernis des Balladen-
stils, daß die Singstimme als Trägerin des Gedankens, die
Begleitung aber als harmonische Grundlage oder als per-
spectivischer Hintergrund zu dienen hat. Ausnahmen wird,
wer kein Doctrinär und grauer Theoriemensch sein will,
immerhin zugeben müssen. Aber das muß gerade unsern
jungen Componisten gegenüber, welche die Ausnahmen zur
Regel machen möchten, scharf hervorgehoben werden, daß es
sich eben nur um gelegentliche Freiheiten handelt, die
von der Verpflichtung, die Naturregeln des Genres zu be-
folgen, im allgemeinen keineswegs entbinden können.

Die Steigerung des Hauptmotivs gegen den Schluß
hin ist geradezu typisch für Plüddemanns Balladen und
unterscheidet sie deutlich von denen Meister Löwes. Schon
in der frühesten in Betracht kommenden Composition, in
„Jung Dieterich“ ist dieser Typus voll ausgebildet, er waltet
vor im „Barbarossa“, in „Eberhards Weißdorn“, im „Taucher“,
in „Vineta“, in „Bileroffs Heimkehr“, in der „Ode an die
preußische Armee“, in „Ritter Curts Brautfahrt“ u. a., worin
überall das Hauptmotiv aus kleinen Keimen und Ansätzen zu
einem stattlichen Baume aufwächst, der sich schließlich in eine
breite, rauschende Krone ausbreitet. In einer zweiten Gruppe,
zu welcher „Des Sängers Fluch“, dann „Volkers Nachtgesang“, die „Legende vom Husssen“ und „Das Schloß im
See“ gehört, wird die empfindungsvolle, mächtige Entfaltung
des Leitmotivs von parallelen Strophen episch-declamatorischen
Charakters eingerahmt, wie es der poetische Aufbau der Ge-
dichte (mit lyrischem Mittelteile) mit sich brachte.

Da ich nun vorhin einmal die Vergleichung Löwes mit
Plüddemann angefangen habe, sei hier eine autokritische

Äußerung Plüddemanns wiedergegeben, die zu seiner Beurtheilung wichtig genug ist. „Leider fällt für mich selbst der Vergleich mit Löwe immer noch sehr zu Löwes Gunsten aus" meint Plüddemann. „Er hat so viel mehr Sachen, deshalb auch viel mehr Treffer, viel mehr eigentlich dankbare Sachen. Sein liebenswürdiger, feiner und zugleich gemüthvoller Humor ist zudem sowieso unnachahmlich. Auch war er der Erste, nachher können beim besten Willen nur Zweite kommen. Die wahre musikalische Form der Ballade konnte doch nur einmal und von einem Vollblutgenie zu erfinden sein, wie ich es nun freilich nicht bin. Jedoch habe ich wenigstens eine Ergänzung gebracht: Das Heroische, eigentlich kraftvoll-männlich-tapfer Germanische, was bei Löwe schwach vertreten ist. Wohl in diesem heroischen, vom Zuhörer die stärkste Empfindung verlangenden Tone meiner Balladen liegt es, daß sie im Durchschnitt nicht dieselbe Anwartschaft auf Popularität haben, denn gerade das Heroische ist im Augenblick wieder stark aus der Mode. Meine höchste Begeisterung in der eindrucksfähigsten Jugendzeit galt Wagner und dessen bis zur Erhabenheit stark wirkenden Höhepunkten. Angeborene Neigung und — vielleicht — Begabung thaten das Übrige und so hab ich von „erhaben sein sollenden" Wirkungen in meine Balladen hineingelegt, was gieng, vielleicht oft mehr, wie das arme Clavier und eine einzige Singstimme hergeben können." Ich glaube keine schwere Indiscretion begangen zu haben, wenn ich diese Selbstkritik hier veröffentlichte. Sie hebt jedenfalls die springenden Punkte klar heraus und zeugt von einer wohlthuenden gelassenen Bescheidenheit.

„Die Balladen Plüddemanns" — urtheilte neulich ein unserem Componisten nichts weniger als enthusiastisch geneigter Kunstfreund — „sind sehr durchdachte, mit großer Umsicht aufgebaute Werke. In formaler Beziehung stehen sie über den viel unreren Löwes." Wenn er dann fortfährt und sie ärmer an musikalischem Blutgehalt findet und Löwe in seinen besten Schöpfungen doch über Plüddemann stellt, so hat er in einem gewissen Sinne ja unbedingt Recht. Aber warum erhebt man denselben Vorwurf nicht auch gegen die anderen hervorragenden Tonsetzer unserer Zeit? Ich habe noch nirgends gelesen, daß man Richard Strauß beiseite geschoben hat, weil er an musikalischem Blutgehalt nicht an Beethoven heanreicht, oder daß man von Hans Sommer oder Hugo Wolf nichts wissen mag, weil sie an naiver Frische hinter Franz Schubert so weit zurückbleiben? Engelbert Humperdinck würde bei einem Vergleich mit Mozart den Kürzeren ziehen, und weder Cyrill Kistler noch b'Albert noch Max Schillings verdienten nach einem Wagner genannt zu werden. Was gegen diese Componisten Unrecht ist, kann auch in Bezug auf Plüddemann nicht billig sein. Man gebe sich zufrieden, wenn unsere Künstler von heute wenigstens in ihren glücklichsten Momenten mit Leistungen der Groß-Meister den Vergleich aushalten und was ihnen auf der einen Seite fehlt, durch Vorzüge auf einer anderen ausgleichen können. Übrigens stehe ich für meine Person nicht an, mehrere Plüddemann'sche Balladen denen Löwe's ohne weitere Einschränkung beizuordnen. Und was den Rest betrifft so frage ich: wer hat denn jetzt in dieser Gattung etwas Besseres geleistet? Niemand. Nun also — was wollt ihr noch mehr?!

Robert Franz empfand es an den ersten Werken Plüddemanns als zu absichtsvoll, wie der Componist Löwe und Wagner zu combinieren trachte. Bei den späteren Heften würde der verehrte Meister wahrscheinlich wahrgenommen haben, daß Plüddemann wirklich die historische, volksliedhaft melodische Strophenform sehr glücklich und ohne Gewaltsamkeit mit der neuen, thematisch-declamatorischen Musik zu erfüllen und eine gleichmäßige Verschmelzung zwischen Beiden durchzuführen wußte. In seinen neueren Arbeiten wird man die specifisch Wagner'schen und Löwe'schen Elemente gar nicht mehr zu scheiden vermögen. Die directen Anklänge an jene Vorbilder werden schon in der mittleren Periode immer seltener; jetzt sind sie bis auf ein paar letzte leise Spuren verschwunden, und nur die Art der Exposition, der Modulation und Begleitweise erinnert ganz im allgemeinen daran, daß wir es mit einem Vertreter der Wagner'schen Componistenschule zu thun haben.

Plüddemann erzählte mir einmal, er habe erst nach dem folgenschweren Verluste seiner Stimme, welcher ihn zu einem fortwährenden mühsamen Ringen um seine Existenz verurtheilte und ihn in tiefe Melancholie stürzte, sich ausschließlich der Ballade zugewendet. In diesem ernsten und oft tief traurigen, kraftvollen Genre habe er Trost gefunden und zugleich Gelegenheit, sein Weh über eine durch Unglücksfälle zerstörte Gesundheit und ein halb verfehltes Dasein mittelbar

auszuschlagen. Es zeugt aber für seine künstlerische Objectivität
und somit für seine eminente Befähigung gerade zum Balladencomponisten, daß der Unbefangene subjective Momente in
seinen Tonwerken nirgends gewahr wird. So sehr tritt die
Persönlichkeit des Künstlers hinter seinem Gegenstande zurück.
Diese ruhige Objectivität ist wunderbar bei einem Manne,
den ein peinliches Nervenleiden nun schon seit Jahren martert
und im Verkehre zum Allunruhigsten, Allerhaftigsten gemacht
hat. Es ist, als ob in dem Augenblicke, wo er zu schaffen
beginnt, sein wahres, ungebrochenes, kernhaftes Wesen an den
Tag träte, während es sonst durch äußere Einflüsse entstellt
unserer Kenntnisnahme sich darbot. Jedenfalls liegt hier
ein merkwürdiges psychologisches Problem zu Grunde, dessen
Lösung ich einem Berufenen überlassen muß. Wenn sichs
doch für ein paar Jahre wenigstens umkehren wollte: er frisch
und munter und seine Balladen meinetwegen so überreizt
und krank, daß man ein eigenes Buch dagegen-schreiben
müßte! Ich kenne nämlich Fälle, da laufen Componisten
herum, gesund wie Forellen und ihrer Musik nach gehören sie
in eine Kaltwasserheilanstalt.

Doch Scherz beiseite; mir ist sehr ernsthaft zu Muth.
Und nicht das Mitleid mit dem kranken Plüddemann will
ich an dieser Stelle anrufen, sondern ganz ohne den Hebel
menschlicher Theilnahme soll man ihn würdigen, den Künstler,
den gesunden Plüddemann. Er bettelt nicht um Gnade,
er braucht auch nicht um persönliche Gunst zu werben. Mit seinen
Werken und seinem reinen Idealismus tritt er vor die Kunstwelt und fordert nur eines: Gerechtigkeit!

IV.

So hoch ich den Idealismus Plüddemanns achte, so
sehr ich sein sicheres Stilgefühl bewundere, so freudig mich
seine Fähigkeit zu volksthümlicher Ausdrucksweise berührt und
so viel Anerkennung mir die Feinheit seiner musikalischen Arbeit
abnöthigt — dennoch würde ich mich vielleicht nicht zu energisch bestimmt gefühlt haben, in einer besonderen Schrift über
seine Vorzüge als Künstler das Wort zu ergreifen, wenn nicht
eine weitere Eigenschaft Plüddemanns den Ausschlag gegeben
hätte, eine Eigenschaft, die allein seinen Balladen eine ausgezeichnete Stellung in der modernen Musikliteratur sichern

müßte, wenn eben alles an unseren musikalischen Zuständen in Ordnung wäre. Seine sprachsinnige Declamation ists, worauf ich ziele.

Wer sich überhaupt mit diesem Thema befaßt hat, wird mehrere Stufen oder Typen unterschieden haben, zwischen denen es natürlicherweise zahllose Mittelstufen und Spielarten gibt, die man aber doch auf etwa die folgenden Grundformen zurückführen kann.

1. Falsche Declamation. Der Componist folgt seiner musikalischen Eingebung ohne Rücksicht darauf, ob die Melodie dem Texte mit Hinsicht auf Wort- und Satzaccent, Länge oder Kürze (betonte oder unbetonte Silben) entspricht.

2. Indifferente Declamation. Grobe Verstöße gegen die richtige Betonung sind vermieden, in Bezug auf Prosodie herrscht aber noch ziemliche Willkür. Charakteristischen Ausdruck kann erst der Vortragende einigermaßen hineinlegen.

3. Angepaßte Declamation. Einer im voraus oder bei anderer Gelegenheit ersonnenen Melodie werden Worte so unterlegt, daß die natürliche Schwere der Silben genau eingehalten erscheint.

4. Sprachgesang. Die Melodie quillt aus dem gesteigerten Ausdrucke der Rede, giebt sie also in all ihren feinen rhythmischen und intervallistischen Eigenschaften wieder. Durch dieses Eingehen auf die sprachlichen Intimitäten unterscheidet sich der Sprachgesang vom Recitativ, welches in Accentuierung und in den Quantitätsverhältnissen wohl im Allgemeinen zutreffend, aber doch nicht frei von phraseologischen Wendungen und conventionellem Tonfall ist, außerdem der Willkür des Sängers noch sehr viel Spielraum übrig läßt.

Die herkömmliche Schulmeinung besagt, daß Richard Wagner namentlich in seinen späteren Werken den vierten Typus durchgeführt habe. In der That sind der I. Act Tristan, die ganze Walküre und der II. Act der Meistersinger die classischen Heimstätten des Sprachgesanges, der natürlich auch von anderwärts mit zahlreichen ausgezeichneten Beispielen zu belegen ist. Dennoch sollte man nicht übersehen, daß doch auch der dritte Typus — namentlich in den Meistersingern — einen breiten Raum in den Gesangspartien einnimmt und daß es schließlich nicht wenige (im II. Act Tristan, in der Götterdämmerung und im Parsifal sogar viele) Stellen giebt, die wir geradezu der zweiten, indifferenten Declamationsform zurechnen müssen. Nun man weiß ja, daß jedes Kunst-

werk ein Ringen des schaffenden Künstlers mit seinem Stoffe
darstellt, wobei auch die kraftvollste Meisterschaft da und dort
an dem Widerstande der zähen Materie scheitert. Wir be-
wundern mit Recht die Stelle im Lohengrin, wo Wagner in die
vom Orchester gespielte Weise der Heldenfahrt eine so aus-
drucksvolle Declamation der Worte „Ein goldnes Horn zu
Hüften" u. s. w. hinein contrapungiert. Aber immer gieng
das nicht an und es gab Fälle, wo sich zu dem einmal selbständig entfalteten Orchesterpart eine charakteristische Gesangmelodie durchaus nicht finden ließ. Da begnügte sich denn
der Meister mit einer indifferenten, was ganz und gar nicht
abträglich für ihn aufgefaßt werden darf, weil auch die kühnste
Combinationsgabe über die natürlichen Schranken der Harmonik eben nicht hinaus kann.

Und die Nachfolger des Meisters? Sie machen wiederum
die Ausnahme zur Regel, schreiben symphonische Musik zu
einem Text und contrapungieren nachher die erforderlichen
Singstimmen dazu, und so ist denn ihre Declamation meist
indifferenter Art, höchstens an den bloßliegenden Stellen ab
und zu einmal recitativisch. Das gilt nicht etwa blos von
den Mode-Waguerianern, sondern auch von unseren besten
Künstlern. Unlängst wußte ein Freund mir nicht genug Herr-
liches von der Guntrampartitur Richard Strauß's zu rühmen.
Als ich dann aber nach dem Sprachgesang in diesem unstreitig bedeutenden Tonwerke fragte, da ließ es allerdings:
dessen könne der Gewährsmann sich nicht entsinnen.

Ist es nicht seltsam, daß die modernen Componisten
stets nur jene Notfälle der Wagner'schen Kunst (ganz ohne
Not) nachbilden? Warum fällt es denn Niemandem ein, doch
auch andere Stellen, eben die, worin der echte, unsterbliche
Wagner steckt, sich einmal zum Muster für eigene Versuche zu
nehmen? Man sollte glauben, daß, da man doch sonst alles
an Wagner nachzuahmen liebt, (selbst das was gar nicht aus
dem Kunstprinzip sich ergibt, sondern ganz individuelle Eigen-
heit ist) jenes: „Befehlen ließ dem Eigenholde" im Tristan,
jenes: „Kühlende Labung gab mir der Quell" in der Walküre
oder das: „Ei was zu alt" u. s. w. in den Meistersingern
doch auch wen zur Nachahmung reizen könnte. Aber weit
gefehlt! Unsere Operncomponisten, gute wie schlechte, wissen
so gut wie nichts vom Sprachgesang — wobei ich
freilich wieder Humperdincks „Hänsel und Gretel" ausnehmen muß,
dessen Declamation ich ganz vortrefflich gefunden habe. Vielleicht

kommt noch das eine oder andere Opernwerk, das mir bis jetzt unbekannt blieb, hinzu, aber im Ganzen wird mein Urteil aufrecht bleiben. Nicht viel besser steht es mit unsern Lyrikern. Auch bei diesen sucht man jene intime Kenntnis der Sprache und ihrer Betonungsverhältnisse, welche einen Wagner aus= zeichnete, vergebens. Nicht einmal annähernd können sie ihm darin gleich, man merkt oft nicht einmal das Streben, ihm in dieser Richtung nachzufolgen. Was ist das nun für ein Wag= nerianismus, der eine der wichtigsten principiellen Errungen= schaften des Meisters ignoriert, ja ihr geradehin zuwider handelt? Ich gestehe, dem gegenüber als vor einem großen kunstgeschichtlichen Rätsel zu stehen, dessen Lösung mir auf keine Weise gelingen will! — — —

Und nun nehme Jemand, der etwa mit mir über die Vernachlässigung des Sprachgesanges sich oft und sehr betrübt hat, die Plüddemannschen Balladen her. „Das ist was Andres, wer hätt's gedacht." Welche Freude zu sehen, wie da das Wagnersche Princip endlich einmal wirklich Schule gemacht hat. Nicht mehr der Typus III., in welchem Löwe noch componierte, sondern die echte, vierte Grundform, erscheint da mit all ihren offenen und heimlichen Schönheiten. Die Gesangstimme ist wirklich gesteigerte Rede, der Ausdruck durchaus charakteristisch, oft von verblüffender Drastik z. B. an der Stelle: „Heb doch einmal das Eisen auf!" in der „Legende vom Hufeisen", welche überhaupt von sprachgesang= lichen Treffern wimmelt. Ich will mich auf Einzelheiten nicht weiter einlassen, da meine Ausführungen ohne Notenbei= spiele nicht recht verständlich wären. Wer halbwegs Sinn und Verständnis für musikalische Declamation besitzt, wird, einmal darauf aufmerksam gemacht, in den Plüddemannschen Balladen in dieser Hinsicht sozusagen auf Schritt und Tritt Anziehendes entdecken. Nur ein solcher wird auch den Reiz der Declamation mit aufschlagender leichter Silbe in „Sieg= fried's Schwert" bei den Worten: „Er schlug den Amboß in den Grund" auskosten. Das Vorbild dafür steht in den „Meistersingern": „Ja dahin hat's noch gute Ruh". Jeder hat's dort gehört: gelernt davon hat Keiner.

Man sollte es kaum glauben, wenn man nicht selbst in zahllosen Fällen sich davon überzeugt, wie wenig Interesse bei Musikern für den Sprachgesang anzutreffen ist. Es gibt nicht Viele, denen eine falsche Wort=Betonung ungefähr denselben Schmerz verursacht, wie eine falsche Quint oder sonst ein harmonischer Fehler. Leute, die sich Wagnerianer nennen, die Wagners „Gesammelte Schriften" bei jeder Gelegenheit citieren, die in seinen Partituren mit den kleinsten instrumentalen oder thematischen Combinationen genau vertraut sind, sitzen sogleich auf dem Trockenen, wenn man das Gespräch auf die Declamation lenkt. Daheim am Claviere spielen sie nur die Begleitung und glauben ein Übriges zu thun, wenn sie die Gesangstimme stumm mitlesen. Im Theater vergleichen sie die gespielte Musik mit der Partitur und würdigen die Bühne kaum eines Blicks. Und das geschieht jetzt, zwölf Jahre nach Wagners Tode, und zwar nicht ausnahmsweise, sondern man darf sagen in der Regel. Achtzig Procent unserer Musiker glauben, die Declamation sei „gar keine Kunst", weil ihnen stets das hölzern-plumpe Recitativ vor Ohren schwebt, wozu freilich nicht viel gehören mag. Aber versuche mal einer den wirklichen Sprachgesang zu treffen, indem er feinhörig die zarten Wendungen und Tongebungen der Sprache musikalisch wiedergibt. Er wird sich gar bald im Zustande vollkommener Hilf- und Rathlosigkeit befinden. Hat man ihn aber erst so weit, das einzugestehen, dann zuckt er die Achseln und meint, mit der eigentlichen Musik habe das Ganze ja doch sehr wenig zu thun. Gemach ihr Herren, die „eigentliche" Musik ist stets die, welche gerade am Platze ist. Streicht, blast und hämmert euch in Symphonien und Sonaten aus wie ihr Lust habt. Sobald ihr aber die menschliche Sprache mit Singstimme zu Hilfe nehmt, dann lohnt ihre Dienste durch würdigen Gebrauch. Ihr setzt einen Stolz darein, die Ausdrucksfähigkeit der einzelnen Instrumente genau zu kennen und zu erschöpfen, aber schämt euch nicht im Geringsten, das edle Instrument der Sprache und damit die Singstimme in euren Tonwerken grob zu vergewaltigen. In der Ausbildung und Verfeinerung des Sprachgesanges, so meine ich, liegt ein weites Feld zum künstlerischen Fortschreiten für unsere Zeit, das mindestens ebenso wichtig ist, wie die stetige Ausbildung der Instrumentalmusik, worin unsere Componisten zum größten Theile ganz einseitig befangen und Meister sind. Was soll man mit diesen Musikantenseelen, die aus der absoluten Musik nicht herauskommen können und nebenbei bemerkt, sonst natürlich die besten und intelligentesten Leute sind, eigentlich anfangen, um sie zu bekehren? Ich fürchte, ihr Sprachgefühl ist allzu sehr verkümmert und die Mühe, die wir an ihre

Belehrung wenden, verschwendet. „Wenn ihrs nicht fühlt,
ihr werdet's nicht erjagen!" —

Denke man sich aber einen Künstler wie Plüddemann,
inmitten einer so gearteten Umgebung. Er muß erleben,
daß seine auf intimster Beobachtung der immanenten
Sprachmusik gegründete Diction, die er treu der Lehre
seines großen Meisters durchführt, gar nicht begriffen wird,
während man das charakterloseste, declamatorische Gestammel
Anderer geduldig über sich ergehen läßt oder gar als rechten
Wagnerianismus anpreist. Und kein Mensch, der ernstlich auf
diesen Mißstand hinweist und unsere Componisten wohlmei-
nend darüber aufklärt, woran es ihnen vor allem andern ge-
bricht. Dabei soll Einer ruhig bleiben? Man könnte viel
stärkere Nerven haben als Plüddemann und hätte doch ein
Recht in solchem Falle „grobans tüchtig dreinzuschlagen." Ich
will mich ihm hierin aber vorläufig nicht anschließen, sondern
diejenigen meiner Leser, welche sich in den Sprachgesang durchaus nicht schicken können, in der höflichsten und freundlichsten
Weise bitten, sich an die in ihrem Sinne musikalischen Schönheiten zu halten, an denen ja durchaus kein Mangel ist. Wer
so viele schätzbare Eigenschaften als Componist in sich vereinigt, hat jedenfalls ein Recht, öfter in unseren Concertsälen
gehört zu werden, als es bis jetzt mit Plüddemann der Fall
gewesen ist. Wohlan, wir, die uns neuen Tonwerken nicht
verschließen, wir, die Freude empfinden über jede Bereicherung
der Kunst — treten wir in gleicher Gesinnung auch heran an
die Compositionen Plüddemanns, der, wie die Dinge doch einmal liegen, der Meister des epischen Musikstils unserer Tage ist! ---

So weit war die Niederschrift dieses Abschnittes gediehen,
als ein Brief Plüddemanns bei mir eintraf, worin er vielfach
mit mir übereinstimmend, dasselbe Thema behandelte. Da es
gewiß von allgemeinem Interesse ist, einen so berufenen Künstler
darüber zu vernehmen, lasse ich den betreffenden Theil seines
Schreibens mit seiner Erlaubnis hier folgen.

„Die besten theoretischen Erklärungen," sagt er „werden,
so fürchte ich, nicht völlig zum Verständnis bringen, was
Sprachgesang ist, aber wer ein natürliches, kräftiges und
zugleich verfeinertes Sprachgefühl noch besitzt, dem kann man
es an Beispielen klar machen, was ich persönlich und also un-
maßgeblich unter Sprachgesang verstehe. Als eigentliches Muster
des Sprachgesanges gilt mir nur Richard Wagner zuerst in

seinem „Blick ich umher" im Tannhäuser und dann fast immer
in allen späteren Werken, außer wo etwa Rücksichten anderer
Art hindernd entgegentreten. Wagner allererst läßt mit vollem
Bewußtsein und nach Regeln, die zu finden wären, wenn man
danach suchte, direct aus den natürlichen Betonungen der Rede
den Gesang entstehen: das nennt er Sprachmelodie. Das
hervorragendste Beispiel eines in der Musik mit vollendeter
Natürlichkeit wiedergegebenen Sprach-Accentes sind die „Meistersinger" und in ihnen wieder vornehmlich die Partie des Hans
Sachs und ihre Behandlung durch Wagner. Kann man in
der Musik natürlicher, eindringlicher und zugleich liebenswürdiger und feiner sprechen und reden, als es dort geschieht?

Mir ist aber seit lange auffällig, daß der durch Wagner
angeblich endlich zur Geltung „durchgedrungene" Sprachgesang sich außer Wagner viel häufiger bei dessen geistesver-
wandten Vorläufern, als bei seinen Nachfolgern findet. Auch
seine eigenen Zeitgenossen stehen merkwürdig hinter dem einzig
Großen zurück in dieser Beziehung. Aber wie viel „Sprachgesang" finde ich bereits in einzelnen Recitativen der „Mat-
thäuspassion" und sonst bei Bach, während freilich seine wie
Händels Arien mit ihren der Mode der damaligen Zeit
entsprechenden Coloraturen das Gegentheil von Sprachgesang
sind. Gluck hat nur französisch geschrieben, Mozart vor-
wiegend italienisch. Beide kommen nicht in Betracht, wenn nicht
Mozart in einigen Stellen der „Zauberflöte", vor allen
Dingen aber in dem Liede „Das Veilchen" Musterbeispiele
von deutschem Sprachgesang hingestellt hätte. Man unter-
suche „Das Veilchen" genau und wird finden, es ist nichts, wie
die sinngemäße natürliche Betonung jedes Wortes, und daraus
ist eine der schönsten und herzigsten Melodien geworden, die
es gibt.

Wie sehr wohl es auch vor Wagner schon möglich war,
Cantilene und Sprache zu verschmelzen, beweisen noch viele
ältere, jetzt vergessene Lieder Componisten, Zeitgenossen und
Vorgänger Bachs. Haydn hat in seinen „Jahreszeiten" und
in der „Schöpfung" Beispiele wohlgelungenen Sprachgesanges,
allerdings nur an einigen kurzen Stellen.

Natürlich muß das Gedicht, wenn aus ihm auf natür-
lichem Wege sangliche Melodie entstehen soll, dieser in etwas
entgegenkommen. Daher werden sowohl musikalische Dramen
wie größere Balladen mit viel Handlung stets viele trockene

recitativische Stellen enthalten, die sich beim besten Willen nicht zu eigentlichem Sprachgesange erheben konnten.

Aber die eigentlichen Vorläufer Richard Wagner's im „Sprachgesange" sind Weber, Schubert und Carl Löwe. Wo nicht die unselige und sinnlose Coloraturen-Mode der damaligen Zeit diese große und herrliche Trias daran hindert, ist der sprachliche Ausdruck überraschend correct, häufig von berückender Anmuth, von hinreißender Stärke. Webers Lieder sind, wenn man sie einmal genauer durchsieht, eine Fundgrube wohlberechneten Sprachgesanges; man prüfe z. B. genauer „Abschied vom Leben", das herrliche Gedicht Körners und das neckische Mädchenlied „Unbefangenheit". Von Schubert kann ich allgemein bekannte Beispiele anführen, in erster Linie den gewaltigen „Prometheus", viele Gesänge des 2. Bandes und aus dem ersten „Der Wanderer", „Der Tod und das Mädchen", „Der Doppelgänger". Weniger getroffen und correct (sprachlich genommen) ist „Erlkönig". Damit vergleiche man die mustergiltige Behandlung Carl Löwe's. Sein „Erlkönig" ist der sprach-gesangliche Riesenwurf eines 22-jährigen Jünglings. Ebenso sein „Edward". Löwe's Haupt-Genre, die Ballade hat ihn dann mehr und mehr von selbst zu eingehender Berücksichtigung einer sprechenden, sinngemäßen und ausdrucksvollen Declamation geführt. Die Beispiele bei ihm sind geradezu Legion! — Wo die Coloratur-Mode auch bei ihm auftritt, hindert sie ihn merklich, sogar in einigen Theilen des berühmten „Douglas" und in der „Blumen-Rache". Wagners Zeitgenossen, die drei großen Lyriker Mendelssohn, Schumann und Robert Franz bilden einen ausgesprochenen Gegensatz gegen ihn. Das Lyrische herrscht so unbedingt vor, daß das Sprachliche zurücktreten mußte. Mendelsohn besonders hat nur schwaches, unentschiedenes Sprachgefühl, wenn er z. B. die unbetonten Endsilben oft in langen Tönen ausklingen läßt. Bei allen dreien aber finden sich ganz vereinzelte Muster auch nach dieser Richtung, am häufigsten bei Schumann in dessen Balladen. Eine derselben z. B. Goethe's „Der Sänger" ist vom Anfang bis zu Ende reiner Sprachgesang. Außerordentlich im deutschen Sprachgefühl zu kurz gekommen scheint Wagner's großer Freund und Zeitgenosse Franz Liszt. Meistens radebrecht er im Deutschen, wie ein richtiger Ausländer, der er doch im Grunde genommen für uns ist. In seinen wenigen Balladen wurde auch er merkwürdigerweise wie von selbst auf eine

beſſere und richtigere Betonung geführt, ohne ſich zu eigent=
lichem Sprachgeſange erheben zu können.

Wenn man nach Wagner Brahms betrachtet, ſo iſt's
wie 'ne andere Welt. Brahms hat ſo gut wie gar kein
Sprachgefühl, er declamiert oft geradezu falſch, immer aber
lyriſch verſchwommen und unentſchieden. — Von Wagner's
ſog. „Nachfolgern" kenne ich nur zwei genauer: Hans Sommer
und Hugo Wolf. Beide ſind ziemlich eng begrenzte, rein
lyriſche Naturen. Deshalb tritt das Sprachliche von ſelbſt
zurück. Aber beide declamieren häufig genug direct falſch, ver=
ſchroben, verkünſtelt und ſinnentſtellend. Zufällig getroffen
hat's merkwürdigerweiſe hinwieder Sommer z. B. im „Odyſ-
ſeus", Wolf in ſeinem Meiſterliede „Anakreons Grab". — Züge
eigentlichen Sprachgeſanges habe ich unter den jüngeren Com-
poniſten der Wagner-Schule bei Kienzl entdecken können
und ſehr viel überraſchend natürliche „Sprach-Melodie" in
Humperdincks „Hänſel und Gretel". Verſchwommen und
unklar in der Declamation erſcheinen mir Strauß, d'Albert
und viele Andere."

So weit Plüddemann. Daß er dabei den künſtleriſchen
Wert des Sprachgeſanges keineswegs überſchätzt, könnte ich
aus einer andern Briefſtelle bezeigen, worin er mir verſicherte,
daß er ſich Löwe gegenüber doch nur als Epigonen fühle, trotz
alles deſſen, worin er, Dank Richard Wagner, über ihn hin-
ausgekommen ſei. „Es thut's eben nicht allein die techniſche
Vollendung, z. B. der Declamation, die bei mir gegen Löwe
(von Robert Franz zu ſchweigen) geſteigert iſt, ſondern das
Originalgenie; das bin ich nun freilich nicht, hab mir's
aber auch nie eingebildet". Iſt das nicht höchſt einſichtig
und anſpruchlos geurtheilt? Nun, unter den jetzigen Verhält-
niſſen iſt ein Componiſt, der nicht zufällig einmal, ſondern
mit Bewußtſein und Abſichtlichkeit in ſeinen Vocalwerken den
Sprachgeſang durchführt, in unſerer Kunſtwelt eine durchaus
originelle Erſcheinung. Und ein bischen Talent ſcheint
auch dazu zu gehören, denn ſonſt hätten unſere in allen Prac-
tilen gerechten Componiervirtuoſen das Ei des Kolumbus
längſt zum Stehen gebracht.

V.

Es gereicht mir zur besonderen Beruhigung, daß ich mit meiner sehr vortheilhaften Meinung von Plüddemann keineswegs allein stehe, sondern darin mit zwei ausgezeichneten und besonnenen Kritikern wie Friedrich von Hausegger und Theodor Helm mich begegne, welche zu wiederholten Malen mit dem Gewichte ihres Ansehens entschieden für Plüddemann eingetreten sind. Mir erübrigt nur mein schwaches, aber aus ehrlicher Überzeugung quellendes Wort neben andern Namen in die Wagschale zu werfen.

Über Principien kann man sich verständigen; das Gefallen an Einzelnheiten ist aber fast immer etwas Subjectives, und so will ich mich mit der umständlichen Erörterung der Frage, welche Balladen Plüddemanns ich für die wertvollsten ansehe, nicht lange aufhalten. Herr A. Naubert stellte in einer Recension folgende Scala auf: In erster Reihe „Die Taufe", „Ode an die preußische Armee". Dann: „An die deutsche Muse", „Der wilde Jäger", „Das Schloß im See", „Bevros und sein Pferd", „Der Taucher". Als „Halbedelsteine" nennt er schließlich: „Biterolfs Heimkehr", „Die Legende vom heil. Stephan" und „Graf Eberhards Weißdorn". Ich meinerseits möchte die Reihenfolge beinahe umlehren! Aber was hälfe die Polemik, da ich ja mit dem Componisten selbst über die Vorzüge dieses oder jenes seiner Werke mich nicht ganz in Übereinstimmung befinde. Plüddemann trug mir z. B. einmal seinen „Ritter Toggenburg" vor und war von dem Schluße offenbar selbst stark ergriffen. Er muß viel persönliches Empfinden in dieser letzten traurigen Strophe objectiviert haben. Es that mir darum förmlich leid, ihm aufrichtig gestehen zu müssen, daß andere seiner Balladen mir einen ungleich tieferen Eindruck machen. Nicht anders ergieng es mir beim „Glockenguß zu Breslau", bei „Schopenhauer" und bei „Löwes Herz". Schönheiten fehlen ja auch in diesen keineswegs, aber neben „Siegfried's Schwert" oder „Eberhards Weißdorn" oder „Vollers Nachtgesang" darf man sie meines Erachtens nicht stellen.

Ich gehe also — ohne eine ästhetische Classificierung auch nur zu versuchen, nach der Reihenfolge der Hefte vor, in denen Plüddemanns Arbeiten gedruckt vorliegen und hebe dasjenige heraus, was mir am wertvollsten erscheint, bzw. was sich zur Einbürgerung in unseren Koncertprogrammen besonders eignen dürfte. Meine kritischen Bemerkungen verzichten dabei von vornherein auf eine erschöpfende Charakteristik, sondern wollen meist nur solche Momente hervorheben, welche in den öffentlichen Beurtheilungen nicht hinlänglich berührt worden sind. Ausstellungen, mit denen ich nicht zurückhielt, sind natürlicherweise nur von einem sehr strengen Standpunkte aus berechtigt und sollen Niemanden in seinem persönlichen Geschmacke stören.

Ich beginne mit den „Liedern und Gesängen" die (um mit der bekannten, diesmal aber zutreffenden Buchhändlerphrase zu sprechen,) „in keines Musikers Notenschatz fehlen sollten". Abgesehen von den 6 schon erwähnten, wundervollen altdeutschen Liedern birgt das Heft noch ein Juwel: Nr. 9. Russisches Lied, das ich den besten Liedern, die wir seit Schubert haben, unbedenklich an die Seite setze. In seiner Gedrungenheit und Kraft des Ausdruckes ist es ein wahres Muster- und Meisterstück.

Aus dem ersten Bande der Balladen wäre „Der alte Barbarossa" zunächst hervorzuheben, und namentlich auf den herrlichen declamatorischen Mitteltheil zu verweisen, der auf einfachen aber ungemein charakteristischen Harmonien sich aufbaut. Die schöne Musik der Schätze wird ohnehin Jedermann gleich in die Ohren fallen. Ich übergehe das hübsche „Gondellied" und wende mich zu „Siegfrieds Schwert", einer Composition von hinreißendem Schwung und urkräftiger Frische. Es ist eine wahre Lust zum Singen und zum Hören! Die in den einfachsten Intervallen — meist im Secundenschritt sich bewegende Gesangmelodie und die zum Theil polyphone Satzweise verleihen diesem Prachtstück einen gewissen alterthümlichen Anstrich und in diesem Stil sind auch die drastischen Tonmalereien gehalten, z. B. der köstlich-ungestüme Zweiunddreißigstelgang, womit sich Jung Siegfried in seine Arbeit am Amboße stürzt. Intelligente und stimmbegabte Sänger müßten wie hungrige Wölfe über diese Ballade herfallen und eine Ehre darin finden, mit ihr zu glänzen. Von „Graf Eberhard's Weißdorn" und von der „Einkehr" ist schon vorhin hinlänglich die Rede gewesen, meine Leser wissen wie hoch ich „die beiden Bäume" halte. Auch über „Des Sängers Fluch" hab ich, wenigstens was den Hymnus darin anbetrifft, mich zur Genüge ausgesprochen und bemerke nur noch beiläufig, wie anschaulich Plüddemann gleich den Anfang illustriert hat. Mit den

ruhig, breit und feierlich sich erhebenden vollen Es-Dur-
Accorden der Begleitung steigt auch das Bild des hohen und
hehren Schlosses vor den Augen des Rhapsoden auf. Daß
mit dem Tode des Jünglings die epische Spannung erlischt,
sieht der Componist in seiner sehr lesenswerten Vorrede, die
er diesem wie den übrigen Bänden vorausgeschickt hat, selbst
ein. Er schreibt die Schuld dem Dichter zu und hofft vom
Sänger, daß er durch Lebendigkeit des Vortrages darüber
hinwegtäuschen werde. Was den ersten Punkt anlangt, stimm
ich ihm vollkommen bei, glaube aber, daß er im zweiten Falle
den Sängern, wie sie nun einmal sind, doch etwas zuviel zu-
muthet. Solche ideale Sänger haben wir einfach nicht. Ich
komme zum letzten Stücke des Heftes, zum „Taucher",
welcher den Namen Plüddemanns am weitesten bekannt gemacht hat. Er erreicht hier in der That eine ganz erstaun-
liche Großartigkeit, und man muß diese gewaltige Ballade
unstreitig als einen Höhepunkt seines künstlerischen Könnens
bezeichnen. Freilich der echte, originale Plüddemann, wie ich
ihn aus anderen Werken liebe, scheint sich darin nicht ganz
auszuprägen, außer etwa in der meisterhaft gegebenen Stelle:
„Da ergreift's ihn die Seele mit Himmelsgewalt" u. s. w.
Das Übrige ist natürlich auch mit großer Kunst componiert,
aber doch gewissermaßen — Robert Franz nannte es treffend:
zu „absichtsvoll" auf Wagner'sche Art herausgebracht. so z. B.
wie er die stumme Verlegenheit der Ritter malt, wie er das
ritterliche Motiv des Jünglings zu jubelndem Ergnisse steigert,
oder wie er die große Meeresmelodie in majestätischem Wogen
durchführt. Immerhin muß zugestanden werden, daß der
Componist seinem Stoffe naiv genug gegenüberstand und in
die jetzt beliebten symbolischen Spintisiereien nicht verfallen
ist. Vielleicht hätte ein Anderer zu den Worten des Dichters:
„Der Mensch versuche die Götter nicht" ein unheilschwangeres
Motiv gebildet und dieses überall mahnend anklingen lassen,
wo irgend Jemand in der Ballade sich gefährlicher Dinge
vermißt, und hätte es dann zum Schluß als erbauliche
„Moral von der Geschichte" dem Hörer nochmals nachdrücklich
ins Ohr gerufen. Plüddemann indessen faßt die Schiller'sche
Dichtung auf als Kampf der Menschenkraft mit den Natur-
gewalten: seine Musik mündet in der mächtigsten Entfaltung
des Meermotivs, in dem Triumphgesang der Elemente über
ihrem bezwungenen Opfer. Da der Vortrag dieser Großballade nur Sängern mit kolossalen Stimmmitteln gelingen

kann und außerdem einen vorzüglichen Klavierspieler erfordert, wird man sie in unseren Concertsälen wohl nur selten zu hören bekommen.

Dagegen — glaube ich — wird man aus dem zweiten Hefte „Vineta" getrost auch mit bescheideneren Kräften wagen dürfen, einen Gesang einfacherer Art, dessen zweiter Theil in eine tief gefühlvolle, prächtig sich steigernde Melodie mündet. Höher noch steht die sich anschließende Ballade: „Volkers Nachtgesang". Ein prägnantes, rhythmisches Motiv hallt die Schritte des Wacht haltenden Helden wieder und wird fast die ganze Composition hindurch quasi ostinato festgehalten, während die Singstimme in schön geschwungener Weise drüber emporsteigt. Bei der Strophe „Du grünes Heimatleben" lösen sich die straffen Accorde der Begleitung weich in Bewegung auf, in zarten Triolen weben die Wipfel des Schwarzwalds herüber, während der Rhythmus des Wachtschrittes im Basse die Grundlage der Harmonie bildet. Und immer mehr zerlegt und lockert sich das Gefüge zu rauschenden Arpeggien und Sextolengängen, wenn der Sänger, seiner einstigen Fahrten am Rheine gedenkend, zu einem breit ausströmenden Preisgesang auf die Minne sich erhebt. Dann, mit den alten, träumerisch verklärt erklingenden, straffen Accorden lenken sich seine Gedanken wiederum der schicksalsschweren Gegenwart zu. In leisem Tremolo bebt die innere Erregung nach und fern verhallen des treuen Wächters Schritte. — Die Perle des Heftes ist aber doch „Biterolfs Heimkehr", wohl eines der glücklichsten Erzeugnisse der Wagner'schen Componistenschule. Die Entwickelung, Durchführung und Steigerung der charakteristischen, ansprechenden Motive ist ganz meisterhaft, von ungesuchter Künstlichkeit und herrlicher Wirkung, und ich leugne nicht, daß Plüddemann gerade mit diesem Gesangstück vor allem andern mein Herz gewonnen hat. Das ist nicht blos „interessant" wie man zu sagen pflegt, das ist ein echter Genuß für Geist und Gemüt, und weder die folgende, majestätische „Ode an die preußische Armee", noch die edle „Taufe", noch die heitere Legende „Martin Luther" vermögen auch nur annähernd einen so durch und durch befriedigenden, nachhaltigen Eindruck zu machen. Und der Schöpfer dieses Meisterwerkes, das schon vor 14 Jahren componiert ist, sitzt zur Ehre seiner Nation und dieser zumeist ganz unbekannt, in einer selbst für deutsche Componisten nicht mehr ziemlichen Dürftigkeit!

Das dritte Heft wird wieder durch eine Großballade: „Der wilde Jäger" eingeleitet, welche sich dem Taucher ebenbürtig zur Seite stellt. Ja ich möchte sie sogar für origineller in ihrer Structur, interessanter in ihrer Rhythmik und Harmonik halten. In beiden Werken nähert sich Plüddemann, obzwar er es in der Vorrede nicht zugeben will, doch entschieden etwas der modernen Componistenschule: Parteigänger der letzteren würden ihm also hier besondere Sympathien entgegenbringen müssen! Infolge der kühnen, orchestral gedachten, breiten Tonmalereien im Schlußtheile tritt der eigentliche Sprachgesang stellenweise zurück. Aber einmal erfaßt von dem stürmisch-leidenschaftlichen Zug der Composition kommen wir gar nicht zur Besinnung bis zum Schlusse der wild-phantastischen und genial concipierten Tondichtung, die ich unbedenklich zu den großartigsten und bleibenden Erzeugnissen der Musik seit Richard Wagner zähle. Das ist wahre „deutsche Phantasiekunst", Schande genug, dass so Wenige sie kennen! Ein gebildeter Sänger mit großer, ausdauernder Stimme und unverderbter Aussprache muß damit einen gewaltigen Eindruck machen, was mir von der Leistung Herrn Dr. Gödels in Graz von mehreren maßgeblichen Seiten bestätigt wird. Sehr modern der Form nach ist auch „Ritter Kurts Brautfahrt", eine symphonistisch gebaute, oft sehr launig pointierte Ballade, in welcher nebst mehreren Declamationsvolltreffern namentlich die prächtige Einlenkung in die Hauptmelodie an ,der Stelle: „Und er hört die Diener blasen" auszuzeichnen ist. Die Composition von Grisebachs Schopenhauergedicht erregt als declamatorische Studie Interesse, zumal Anklänge an Wagner's Nornenmotiv und die Schicksalsfrage sehr geistreich verwendet sind. Ob die Stelle: „klar wie seines Geists Gedanken" Andere, die nicht wie ich Verehrer des Frankfurter Weisen sind, so innig rühren kann, bleibe dahingestellt. Zum öffentlichen Vortrag eignet sich diese, alle lyrischen Momente völlig entbehrende Räue wohl schwerlich.

Ich verweile nicht länger bei der anspruchlosen aber ansprechenden Ballade „Vevros und sein Pferd", sondern eile zu „Frau Mette". Da ich meine Schrift eine „kritische Studie" betitelt habe und man keinen Kritiker als solchen anerkennt, der nicht ein stattliches Bündel von Einwänden jedem Componisten gegenüber auf Lager hat, so will ich meiner Reputation zu Liebe dieser Gepflogenheit nachkommen, obzwar mit die Aufgabe des Kritikers zunächst darin zu bestehen scheint, das vorhandene Gute als solches zu erkennen und auf seine Würdigung seitens des Publikums hinzuwirken. Also gegen die Frau Mette, oder genauer gesagt, gegen ihren Mitteltheil erhebe ich meinen Widerspruch. Sie ist durchaus modern componiert, der Gesang gehört dem indifferenten Declamationstnpus an, die Begleitung soll alles leisten: sie schildert uns den Zaubergesang des Skalden und, wie ich nicht leugnen kann, anfangs in empfindungsvoller, charakteristischer Melodik. Aber vor der Stelle: „Die Tannenbäume horchen so still" setzt ein neues Thema ein, dessen an sich gewiß interessante Fortführung mit der in Secundenschritten zwischendurchlaufenden Mittelstimme wir stets einen mathematisch-erklügelten Eindruck macht, jedenfalls die Stimmung des Gedichtes nicht hinreichend wiedergibt, wie man möchte und nach dem vielverheißenden Anfang zu erwarten berechtigt wäre. Aber dann freilich bei den Textworten: „Die klugen Sterne lauschen" setzt wieder ein Thema ein, ein Thema von schwelgerischer Süße, wie vom Himmel gesungen, eine der besten musikalischen Inspirationen Plüddemanns, die mich gleich mit dem Vorausgehenden versöhnt. Ich habe nicht begriffen, warum der Componist dieses herrliche Motiv, statt es in seiner gewohnten Art auszuweiten, gleich wieder fahren läßt und sich in die früheren Constructionen zurückverliert. So stehe ich dieser Ballade mit gemischten Gefühlen gegenüber, jedenfalls nicht mit jener freudigen Sympathie, welche die folgende: „Don Massias" bei jedem erneuten Anhören in mir aufweckt.

Bisher hat Plüddemann sich als grunddeutscher Componist gezeigt, sowohl was die Melodiebildung als was die Declamation anbelangt. Vor dem neuen Gegenstande romanischen Charakters nun bewährt sich seine Phantasie als eine echt künstlerische dadurch, daß sie den Vorwurf aus seinem Wesenskern heraus und in seinem nationalen Stile musikalisch wiederzugeben vermag. Kann man den verliebten Troubadour besser charakterisieren als durch die in graciösen Linien dahinfließende, gewollt süßliche Hauptmelodie? Und die declamatorischen Stellen dazwischen mit ihren Quarten- und Quintensprüngen geben der Sprache des Gedichtes einen fremdländischen Ausdruck mit specifisch romanischem Colorit. Diese Wandlungsfähigkeit dem neuen Stoffe gegenüber bezeugt am allerbesten, welch bedeutendes Talent die deutsche Kunstwelt

in Plüddemann zu schätzen hätte. Leute, denen solche
Erwägungen ferne liegen und es nur auf sogenannte „schöne
Melodien" abgesehen haben, werden von dem in Wohllaut
schwelgenden Stücke gleichfalls hoch befriedigt sein.

Teutsch bis in die kleinste Note ist endlich die Composition von Bürgers Schwank: „Der Kaiser und der
Abt", deren humoristische Wirkung aber keineswegs in den
Capriolen des Clavierparts zu suchen ist, sondern im köstlichen
musikalischen Ausdrucke der Textworte; diese beachte man vor
allem. Es wird nicht viel in der neueren Musikliteratur geben,
was man in dieser Hinsicht mit Stellen wie: „Das Pfäfflein
spazierte vor seiner Abtei" oder: „Knecht Gottes, wie gehts
Dir" oder: „Nun sucht er, ein bleicher, hohlwangiger Werther,
in Feldern und Wäldern die einsamsten Örter" u. a. m.
vergleichen kann. Feinheiten in der Begleitung könnte man
in Menge aufzählen: ich weise nur z. B. auf das drohende
Tremolo zu den Worten des Kaisers: „Nun aber zum Dritten,
nun nimm Dich zusammen" hin, oder auf das possierliche
Vassmotiv bei: „Ach guter Hans Bendix, das ist ja recht
schade." Aber das liegt ja alles ganz klar für Jedermann
vor Augen, so dass ich mich nicht weiter darauf einzulassen
brauche.

An der Ballade vom „Ritter Thebel" möcht ich
nicht vorübergehen, ohne wenigstens den originellen Teufelsritt
erwähnt zu haben. Aber es drängt mich, auf die „Legende
vom Hufeisen" zu kommen, die mir von allem
Anfang an besonders ans Herz gewachsen ist. Welche er-
lesenen Meisterstücke des Sprachgesanges darin zu finden sind,
ist schon im früheren Abschnitte bemerkt worden — Grund
genug, dass es von allen Compositionen Plüddemanns am
wenigsten, d. h. gar niemals öffentlich gesungen wurde! Freilich,
wie herrlich weit wir es mit unserem angeblich „wagnerisch" ge-
bildeten Geschmack heutzutage gebracht haben, ist für Sachen
dieser Art nur ausnahmsweise ein Verständnis zu erwarten.
Wir haben verteufelt wenig gelernt in den zwanzig Jahren
seit der ersten Aufführung des Nibelungenringes. Die „wenigen
Edlen", welche sich auch für declamatorische Probleme interessieren, lade ich zum Studium der Legende freundlichst ein,
ohne zu verschweigen, dass zu Anfang des Mittelsatzes in
Es, infolge der selbständigen Führung des Clavierparts der
Sprachgesang wieder einer minder charakteristischen Decla-
mationsweise das Feld räumen muss. An dieses Kleinod

des fünften Heftes reiht sich eine andere, auch sehr schöne Ballade: „Das Schloß im See“, worin die directen Wagner'schen Einflüsse wieder stärker sind, was Plüddemann in der Vorrede freimüthig selber gesteht. Aber das stellt sie nur relativ zurück hinter andere seiner Werke, denn sie ist eines der dankbarsten für den Concertsaal. Das letzte Stück des Heftes: „Der Glockenguß zu Breslau“ hebt prachtvoll an: Nicht satt singen kann man sich an der so natürlich fließenden, eindringlich-einfachen Melodie der beiden exponirenden Strophen. Doch vermag ich dem weiteren Verlaufe nicht den gleichen Geschmack abzugewinnen und befinde mich dabei abermals im Widerspruche mit dem Componisten, der diese Ballade gerade „für ein größeres Publicum geeignet“ hält.

Diese Balladenhefte, deren meiner Meinung nach bedeutendste Nummern hiemit angeführt sind, umfassen lange nicht alles was Plüddemann in diesem Genre componirt hat. Eine beträchtliche Anzahl neuer Compositionen ist seit der Ausgabe des fünften Heftes (Anfang 1893) entstanden, so daß sich die Freunde seiner Kunst noch auf mindestens drei weitere freuen dürfen. Den heroischen Stil hat Plüddemann in den letzten Jahren allerdings seltener gepflegt — kein Wunder, wenn er seine Zeitgenossen so wenig empfänglich dafür fand. Dafür hat er jetzt die Cantilene wieder mehr entwickelt, sich sanfteren, gemüthvolleren Empfindungen hingegeben und dem den heutigen Deutschen doch einmal genehmeren, weicheren, sentimentalen Stile sich genähert. Die Begleitung ist einfacher, mehr homophon, weniger contrapunctisch wie früher, die Singstimme leichter zu treffen, das Ganze überhaupt leichter anzuhören. Mehrere dieser erst noch im Manuscript vorliegenden, aber im öffentlichen Vortrage bereits zu öfteren Malen erprobten Gesänge habe ich kennen gelernt, so eine ganz herrliche schottische Ballade: „Lord William und schön Margreth“ (übersetzt von Th. Fontane). Sie hat bisher auf alle Zuhörer einen tief ergreifenden Eindruck gemacht, denn sie zählt zu jener Art, wie sie das kunstliebende Publikum wünscht: alles ist Handlung und doch ganz durchtränkt von lyrischem Empfinden. Denselben Eigenschaften hat ja auch Löwes „Archibald Douglas“ seine unvergleichliche Popularität zu verdanken. Freilich, so können nicht alle Balladen sein! Sodann kenne ich von Plüddemanns neuesten Arbeiten „Niels Finn“ (von Björnson). Das unheimliche Weben der Geister, das dämonische Hereinbrechen der Katastrophe findet in der sehr einfach gehaltenen Musik einen äußerst charakteristischen Ausdruck. St. Marien Ritter (von Giesebrecht) wird wegen seiner getragenen melodiösen Sanglichkeit von stimmbegabten Sängern gerne gewählt werden, ist aber doch im Vergleich zu anderen Gesängen Plüddemanns nicht eigentlich bedeutend. Dantes Traum endlich gehört zu den allerbesten lyrischen Eingebungen des Componisten: schönere und edlere Melodik als in der innig flehenden Ansprache Dantes und in der wundervoll geschwungenen, sich wiederholenden Stelle „Bin ich dir am stillen Abend" wird man in der modernen Musikliteratur schwerlich nachweisen können. Außer diesen hörte ich noch von folgenden Werken Plüddemanns, ohne Gelegenheit gehabt zu haben, sie kennen zu lernen: „Vier schottische Balladen" (Fontane), „Der Tod" (Papst Leo XIII.) und „Elysium" (Schiller), „De Gedankensünn" (Fr. Reuter), „Das Grab des Herrn", „Ave", „Der Sarg auf der Maasinsel" (Giesebrecht), „Graf Richard Ohnefurcht" (Uhland), „Die Katzen und der Hausherr" und „St. Petrus mit der Geiß" (Hans Sachs), welch letztere heitere Legende nach den mir gemachten Andeutungen wiederum ein Musterstück von Sprachgesang werden dürfte.

Während seines Aufenthaltes in Graz ist es Plüddemann gelungen, eine Schar zum Theile noch jugendlicher Componisten zur Pflege der Ballade anzuregen. Soweit ich in der Lage war, die Leistungen dieser Herren aus eigener Kenntnißnahme zu beurtheilen, lassen sie sich sehr vielversprechend an und man muß es bedauern, daß die Ungunst der Verhältnisse ihn zwang, aus diesem Kreise zu scheiden. Wie förderlich hätte er da fortwirken können, wo so viel natürliche Begabungen und so viel reine, künstlerische Begeisterung ihm entgegenkamen! Unter diesen Tonsetzern verräth der älteste und gereifteste Adolf Doppler in seiner Ballade „Die Sylvesternacht" Neigung und offenbares Talent für das schauerliche Genre. Der an sich schon fürchterliche Eindruck des Gedichtes wird durch die Musik zu einer unmittelbaren Lebendigkeit gesteigert, die geradezu erschütternd wirkt. Etwas mehr räumliche Sparsamkeit in den Zwischenspielen wäre zweckmäßig und leicht noch herzustellen. Das Ganze ist vortrefflich aufgebaut, die grausige Stimmung in schaurigen Accorden und Rhythmen meisterhaft getroffen. Ein anderer Componist dieses Kreises, Siegmund von Hausegger, hat mittlerweile schon in der Kunstwelt durch zwei Opern von

sich reden gemacht und alle, die ihn kennen, sind voll Be-
wunderung für sein ungemeines Talent. Wer in seiner Ballade „Die beiden Reiter" nur die ersten Tacte hört,
weiß sofort: „das ist einer, dem etwas einfällt". Besonders
schön ist der Schluß, wo dieses Motiv gleich dem verklärten
Blicke eines Sterbenden in süß-schmerzlicher Harmonie sich
erhebt. Zwar legt Hausegger mehr Wert auf eine andere,
größere Ballade: „Odins Meerritt" (dieselbe, deren ersten
Theil Löwe so herrlich in Musik gesetzt hat); aber so kühn
er der Wagnerschen Ausdrucksweise nachstrebt, trotz Stellen
wie: „Der Reiter singt eine Melodei" oder gar „Und wer es
vernimmt, der Wiederkehr zur Heimat er vergißt alsbald"
scheint mir das erstere Werk doch gleichartiger und schließlich
auch origineller. Ganz besonderes Augenmerk muß man auf
die plastische Melodiebildung Hauseggers richten und auf die
volksthümliche Ader, die unverkennbar bei ihm durchschlägt.
Muß er als der genialste der Grazer gelten, so ist M. Kloß
unstreitig das freundlichste Talent. Sein „Hans Euler"
zeichnet sich durch natürliche Declamation, sangbare Melodik
und einen gemüthvollen Ton aus: nach dem Vorbilde von
Löwes „Prinz Eugen" u. Plüddemanns „Ode an die preußische
Armee" hat Kloß eine Volksweise („In Mantua in Banden")
seiner Ballade, der eine baldige Veröffentlichung zu wünschen
ist, sehr geschickt zu Grunde gelegt.

Ich habe in kurzen Strichen ein Bild der Wirksamkeit
Plüddemanns als Componist zu entwerfen versucht: eine
immerhin gewagte Sache bei einem noch Lebenden. Aber so
viel Irrthümliches im Einzelnen meiner Darstellung theils infolge der Nähe des Standpunktes, von dem aus ich ihn be-
trachten muß, theils infolge subjectiver Geschmacksrichtung
etwa anhaften mag: das Gesammturteil — davon bin
ich im Innersten überzeugt — wird in seinen wesentlichen
Zügen aufrecht bleiben!

— — —

VI.

Plüddemann hat sich nicht damit begnügt, Balladen
zu schaffen, sondern hat nach dem Vorbilde seines Meisters
gleich auch die reproductive Pflege der einmal erfaßten
Kunstgattung energisch in die Hand genommen. War es ihm
vom Schicksal versagt, beispielgebend als Concertsänger zu

wirken, so stand doch nichts im Wege, um ihn zum Lehrer einer wahrhaft deutschen Gesangweise und insbesondere des Balladengesanges zu befähigen. Und damit bin ich wieder auf eine sehr wertvolle Eigenschaft unseres Tondichters gekommen.

Unsere classische Musikperiode war in Bezug auf den Vocalsatz in italienischer Manier befangen und auch der Gesangunterricht erfolgte den Anforderungen dieser Satzweise entsprechend auf italienische Art. In dem Maße jedoch, als unsere Tonsetzer deutsche Texte mehr und mehr componierten, entwickelte sich ein deutscher Gesangstil, der den Betonungsverhältnissen der Sprache Rechnung trug und in Richard Wagners Sprachgesang seine vorläufig höchste und feinste Ausbildung fand. Mit dieser veränderten Satzweise und der von ihr geforderten neuen Singweise hat die Methode des Gesangunterrichtes nicht gleichen Schritt halten können. Statt angesichts der neuen Kunst auch die Schulung der Stimme auf einer neuen Basis zu vollziehen, paßte man die italienische Methode mehr oder weniger den Bedürfnissen des deutschen Gesangstiles an, und die Folge davon ist jene Ungleichmäßigkeit, Halbheit und Stillosigkeit, die uns an den Leistungen der modernen Sänger mißfällt und über welche nur einzelnen, begabten Naturen ein natürlicher Instinct forthilft. Friedrich Schmitt war der erste, der das neue Problem scharf erfaßte und in seiner gedankenreichen „Großen Gesangschule für Deutschland“ (München, 1854) zuerst die Lösung versuchte. Auf der von ihm geschaffenen Grundlage baute Julius Hey fort, dessen „Deutscher Gesangunterricht“ (1886) ihm wenigstens äußeren Ruhm verschaffte, während man nach Schmitts Namen selbst in Riemanns Musiklexicon vergebens suchen wird. Leider waren Beide und namentlich Schmitt mehr zur theoretischen Begründung, als zur practischen Verwirklichung ihrer Grundsätze beanlagt und so hat denn ihr Wirken nicht jenen vollen Erfolg zu verzeichnen, den man im Interesse der deutschen Kunst wünschen möchte.

Plüddemann ist ein unmittelbarer Schüler dieser Begründer einer deutschen Singweise und hat sich mit dem Probleme hauptsächlich nach der practischen Seite hin einläßlich wohl schon seit 16 Jahren beschäftigt. Seine Unterrichtsmethode kenne ich nicht weiter, wäre auch nicht imstande sie kritisch zu besprechen. Ihre theoretischen Grundlagen hat Plüddemann in seiner wertvollen Broschüre: „Die ersten Uebungen für die menschliche Singstimme" (München, Schmidt 1885) klar auseinandergesetzt. Nur nach ihren Früchten vermag ich ein summarisches Urtheil abzugeben, und das lautet denn freilich sehr günstig. Die Grazer Herren, die Plüddemann ausgebildet und mit denen er seinerzeit Concerte gegeben hat, zeigten alle jene Vorzüge, die wir selbst bei gefeierten Sängern in der Regel vermissen: gute Tonbildung, deutliche Aussprache und sinnvollen, stilgemäßen Vortrag.

„Recht haben ist gar nichts wert", schrieb Richard Wagner einst an Schmitt, „sobald man nicht auch das Rechte durchführen kann. Bring mir einen Deiner Schüler, dem es Dir gelungen ist alles das zu lehren, was Du weißt, und den Andern zum Vorbild dienen kann, so hast Du einzig gewonnen." Nun, es scheint, daß Plüddemann wirklich die Gabe besitzt, das, was er selbst theoretisch scharf erkennt, auch Anderen praktisch mitzutheilen. Bei der Abgeschlossenheit, in der das Grazer Kunsttreiben sich nun einmal vollzieht, ist der Ruf jener Plüddemann-Schüler, der Herren Dr. Gödel, Anton Weber und Franz Stöckl nicht allzuweit gedrungen und die vereinzelten Berichte der Musikzeitungen darüber scheinen nicht die verdiente Beachtung gefunden zu haben. Meiner Meinung nach, und diese gründet sich vornehmlich darauf, daß ich Plüddemann mit den Resten seiner Stimme zahlreiche Gesangwerke interpretieren hörte, haben wir ihn als einen der vornehmsten Kenner der deutschen Singweise zu schätzen, der schon in dieser Eigenschaft eine ganz andere öffentliche Stellung einnehmen müßte, als die, zu welcher ihn das Unverständnis der Musikwelt für den deutschen Gesangstil und wohl auch die persönliche Mißgunst gewisser Kreise verurtheilt. Es ist dringend zu wünschen, daß „Bayreuth" bei den Vorbereitungen zu den kommenden Festspielen die ausgezeichnete Kraft Plüddemanns zu gewinnen nicht vergesse. Denn erstens ist er, der einstige Vorkämpfer für Bayreuth und alte Freund des Wagner'schen Hauses, ein ganz ausgezeichneter Sachverständiger des deutschen Sprachgesanges, den gerade „Bayreuth" der Kunstwelt lehren soll; sodann gehört er zu Jenen, welche seinerzeit die Nibelungenproben 1875 und 76 unter der Leitung des Meisters mitmachten, und sein vorzügliches Gedächtnis hat alle Einzelheiten, namentlich was die Tempi betrifft, gar treu bewahrt.

Nun, ich hoffe vielleicht nicht vergebens, daß Bayreuth bei der zwanzigsten Jahresfeier seiner Eröffnung des kundigen Beirathes eines so berufenen Künstlers nicht entbehren wird.

Plüddemann versichert mir, er fühle sich weit mehr als zur Schaffung neuer Werke zur Begründung einer Schule des deutschen Gesanges gedrängt. Insbesondere hat er natürlich die Ausbildung des Balladenvortragstiles in's Auge gefaßt, von dem heute leider noch fast Niemand einen sicheren und richtigen Begriff hat.

Der Balladenvortrag muß, ebenso wie die Balladencomposition von dem Grundsatze ausgehen, daß die Ballade ein Vortragstück ist und sich an ein größeres Publikum wendet. Darin kommt sie überein mit dem Drama, wogegen sie der sichtbaren Action gänzlich entbehrt. Es muß also das erste Bestreben des Sängers sein, jene Momente, in denen die Handlung gipfelt, mit allergrößter Deutlichkeit zum Ausdrucke zu bringen. In den Ausbrüchen der Empfindung aber hat er sich dem Bühnensänger gegenüber Maß anzuerlegen, weil er eben als Nacherzähler, nicht als unmittelbar sich äußernde Person fungiert. Ferner: auf dem Theater wirkt Decoration, Scene und Handlung auf die Phantasie ein, und der Balladensänger muß daher trachten, durch seine Nüancierung diesen Nachtheil seinerseits auszugleichen. Er muß gleichsam drei Vortragsweisen bereit haben, von denen er je nach Erforderniß abwechselnd Gebrauch macht: eine für die erzählenden Stellen, für die Einleitung und erste Entwickelung, wo noch nicht alle Leidenschaften losgelassen sind; eine zweite, gesteigerte für die dramatischen Momente, für die Conflicte, wo Rede und Gegenrede entscheidend an einander prallen. Eine dritte noch, eine weich ausströmende, eigentlich gesangliche für die lyrischen Ruhepunkte. Er muß endlich die einzelnen Personen maßvoll charakterisierend auseinanderhalten. Dazu kommt noch die Begleitung. Auch diese muß verschieden sein, bald blos stützend, bald — wie in den Zwischenspielen, voll und selbständig loslegend, bald als treibender und drängender Factor wirkend. — Das Alles zu beachten und praktisch durchzuführen ist nicht leicht: es erfordert reifliche Überlegung, sicheres, gesundes Unterscheidungsvermögen und überdies andauernde, fleißige Übung, wovon unsere Sänger noch gar weit entfernt sind. — Fehlt ihnen doch die erste Grundbedingung für die Wirkung der Ballade, ich meine die peinlichste Treue und Gewissenhaftigkeit, so daß jeder

4

Vocal, jeder Consonant, namentlich aber auch der fast immer mißhandelte oder unterdrückte Auslaut oder End-consonant der Wörter und Sätze zu seinem Rechte komme. Als Ausnahmen müssen unter den Balladensängern Gura, Bulß und Josef Waldner rühmlichst erwähnt werden, welche alle drei eine fast vollständige Deutlichkeit und Verständlichkeit auszeichnet.

Unsere Balladensänger sind meist vom Opern-, Lied- oder Kirchengesang zur Ballade gekommen und für letzteren Stil gewöhnlich schon verbildet. Die Opernsänger verfügen nicht über den schnellen Wechsel des Tones, sie bringen alles zu grob und schwer heraus: sie geben sich zu theatralisch-affectvoll, um nicht zu sagen affectiert, beim Balladenvortrage. Die Liedersänger aber leiden an einer Übergefühligkeit, welche der um einige Grade kühleren Temperatur des epischen Stiles durchaus nicht zuträglich ist. Die Oratoriensänger endlich gewöhnen sich einen gewissen conventionell gleichgiltigen Ausdruck an, erreichen wenigstens nie jene sprühende Lebhaftigkeit des Vortrags, ohne den die Ballade eben nicht wirken kann. Aber das sind Dinge, die man praktisch vorzeigen muß, wo die Erklärung durch Worte nicht ausreicht. Ich breche daher ab. Wer nicht die Unterweisung Plüddemanns einholen kann, der findet in seinen Vorreden die nöthigen Anleitungen für den Vortrag jeder einzelnen Ballade, aus denen er, wenn er ein heller Kopf ist, schon ungefähr entnehmen kann, worauf es ankommt.

Plüddemanns Balladen sind bei halbwegs zutreffender Ausführung dankbare Gesangstücke. Die große Länge, die man immer hervorheben zu müssen glaubt, kommt ja nicht auf Rechnung des Componisten. Bis der Zukunftsballadenmeister erscheint, der seine Sachen zugleich dichtet und in Musik setzt, werden wir uns schon damit befremden müssen, daß uns in Werken dieser Art manche, für die Tonkunst minder dankbare Stelle begegnet. Indessen liegt in dem Geschrei über die langen Balladen ein gutes Stück Banausenthum, welchem von der Kritik wenigstens nicht Vorschub geleistet werden sollte. „Zu lang, zu lang", das ist das Gezeter derselben Leute, die einen Einacter lieber haben als ein Drama, ein Feuilleton lieber lesen als ein Buch, deren Geist sogleich erlahmt, wenn er einem nicht geradezu spiegeleben Gedankengange folgen soll. Für diesen Schlag Concertbesucher wären eigentlich Schnadahüpfeln der

Gipfelpunkt aller Darbietungen. Im allgemeinen ist es aber
nicht so schlimm mit der Länge der Balladen: zumeist ist der
Sänger daran schuld, dem es nicht glücken wollte, das
Interesse seiner Hörer durch die Kunst des Vortrages bis zum
Schlusse lebendig zu erhalten. „Der Kaiser und der
Abt“, eines der längsten Stücke von Plüddemann, dauert im
richtigen Zeitmaße gesungen, genau 12 Minuten! So lange
kann auch das allermodernste Publikum sich gedulden. Von
Löwe gibt es Balladen von noch viel größerem Umfange, die
auch gesanglich viel größere Schwierigkeiten darbieten.

Denn das darf zuletzt auch nicht übergangen werden,
daß Plüddemanns Compositionen, obzwar sie durchschnittlich
mehr Stimme verlangen wie diejenigen Löwes, doch
leichter auszuführen sind: sie erfordern nicht so viel
seine Detailcharakteristik und liegen besser in der Stimme.
Plüddemann ist nicht umsonst Sänger gewesen: er versteht
gar sangbar und dankbar zu schreiben und vergißt nie, wo es
hinpaßt, Stellen auszuzeichnen, wo der Sänger voll aus-
laden und Stimme zeigen kann. Seine sangbare Führung
der Gesangstimme ist übrigens zum guten Theil ein Ergebnis der natürlichen Declamation. Wessen Musik sich der
Sprache richtig anpaßt, wird nie solch kehlenwidriges Zeug
componieren, wie das leider jetzt zur Mode geworden und
angeblich Wagner'sche Richtung ist. Aber Wagner hat erstens
keineswegs so gethan und dann war er eben der große
Wagner, der in der Gestaltung seiner mächtigen Gedanken
nicht immer schonende Rücksicht auf die ausführenden Werk-
zeuge nehmen konnte. Da brachte, wie er das einmal aus-
drückt, die Noth des Unerhörten oft neue Nothwendigkeiten
zu Tage. Aber es ist recht charakteristisch für seine Epigonen,
daß sie dieses Recht der höheren Gewalt ohneweiters
für sich in Anspruch nehmen. Jeder tondichtende Jüngling
muthet den Sängern in seinen Erstlingen bereits Dinge zu,
die nur ein technisch vollendeter Künstler bewältigen kann,
und das bleibt dann auch in den reiferen Jahren. Beethoven, erzählt man, gieng einst mit einem sehr sattelfesten
Sänger die Wette ein, er werde ihn durch eine improvisierte
polyphone Begleitung so irre machen, daß er nicht instande
sein werde, seinen Cantus firmus einzuhalten. Diesen Spaß
scheinen sich manche moderne Componisten ganz ernstlich öfter
leisten zu wollen, und so ist auf die Ära des Zier-
gesanges und der geläufigen Gurgeln die Zeit des Treff-

4*

gesanges gefolgt, dessen Reiz darin besteht, daß der
Sänger die vom Tonsetzer tückisch aufgehäuften Hindernisse
tadel- und mühelos „nimmt“. Sanglich zu schreiben gilt ja
nicht als vornehm, das überläßt man den Salon- und
Gassenhauermachern. O Gott vom Himmel, sieh darein!
Diese Lust an unnöthigen Schwierigkeiten ist durchaus
nicht Wagnerisch, vielmehr eine bloße Unart, welche gar bald
verschwinden wird, wenn man sich weigern wird, ihr zu
willfahren und sie mit allerlei ästhetischen Phrasen zu be-
schönigen.

Ein kritischer Freund, den ich vor kurzem mit seiner leicht
aburtheilenden Meinung über Plüddemann — von dem er
bezeichnenderweise nur ein einziges Heft kannte! — in die
Enge trieb, half sich schließlich mit dem Rufe: „Alles gut,
aber für eine nothwendige Erscheinung im Kunstleben
kann ich ihn nicht halten.“ Nun, ob es überhaupt „nothwendige“ Componisten im heutigen Kunstleben gibt, darüber
ließe sich noch streiten. Aber dies zugegeben: wenn ich unter
den zeitgenössischen Künstlern Umschau halte und die vielfachen Irrnisse der Gegenwart bedenke, dann werde ich den
treuen Bewahrer der Wagner'schen Grundsätze: Stilreinheit und
Pflege des Sprachgesanges, den volksthümlichen Melodiker,
den geschmackvollen und sauberen Tonsetzer, den bewährten
Meister einer deutschen Singweise nicht als einen Überflüssigen
ansehen.

———

VII.

Daß hervorragende Componisten zugleich gewandte
Schriftsteller sind, ist seit Schumann, Liszt und Wagner
durchaus nichts Seltenes. In unsern Tagen wissen Draeseke, Humperdinck, Kistler, Kienzl, Heuberger
u. a. vortrefflich die Feder zu führen, und auch Plüddemann steht in keiner Hinsicht hinter ihnen zurück. Schätzte
ihn doch Richard Wagner ausdrücklich als einen „geist-
vollen Menschen“ und schrieb ihm betreffs seiner Bro-
chüre über die Bayreuther Festspiele am 6. Januar 1876:
„Meine Frau gab mir nach der Lectüre ihr Urtheil dahin ab,
daß Sie Ihre Arbeit für die beste und vernünftigste halte“
und später (25. Jan. 1877): „Ich habe endlich Ihre Bro-
chüre gelesen und mich sehr darüber gefreut. Ihr dort oben
an der Ostsee zeichnet Euch immer durch vielen gesunden Ver-

stand aus, was dann bei tieferer Eindrucksfähigkeit eine vor-
treffliche Wirkung hervorbringt. Gerade auch die „Nüchtern-
heit", welche dem Seichten so übel ansteht, wirkt in Ihrer
Schrift sehr ermuthigend."

Diesem Urtheil hätte ich mit Bezug auf die spätere lite-
rarische Thätigkeit Plüddemanns wenig hinzuzufügen. Der gesunde Verstand, den wir an dem Componisten schätzen, ist
auch dem Kunstschriftsteller treu geblieben. In seinen theoretischen und praktischen Ausführungen, die in zahlreichen Bro-
chüren, in den Vorreden zu seinen Balladenheften und in
österreichischen und deutschen Zeitschriften zerstreut sind und
meist die Geschichte, den Stil und Vortrag der Ballade be-
handeln, wird man hohlen Bombast und seichtes Gefasel vergebens suchen. Nüchtern, sachlich trägt er seine Meinung vor
und trifft immer den richtigen Ausdruck, oft mit geradezu
verblüffender Sicherheit. Es ist nichts Gemachtes und Affec-
tiertes, nichts Spielerisches und nichts Confuses in seinem
Stil. Vielmehr zeichnet sich seine Schreibweise gerade durch
eine große Deutlichkeit — Überdeutlichkeit oft, wenn er zu
tadeln beginnt — aus. Er wird nicht müde durch bündige
Folgerungen, schlagende Gegenüberstellungen und lapidare
Behauptungen seine Meinung recht eindringlich und klar
herauszustellen. Und wer Gelegenheit hatte mit ihm zu corre-
spondieren, dem wird aus jedem Briefe irgend eine treffende
Bemerkung die man sich fürs Leben merkt, in Erinnerung
geblieben sein. Wenn seine polemischen Äußerungen oft derb
genug ausfallen und wenn er darin oft über die Schnur haut,
so erklärt sich das theils aus seinem schweren nervösen Leiden,
theils aus vielfachen bitteren Enttäuschungen und Wider-
wärtigkeiten.

„Man hat's mir halt gar zu schwer gemacht" schrieb er
einmal, als ich nach dem Grunde seiner Verbitterung fragte,
und in der That: leicht ist's ihm nicht geworden. Zehn
Jahre hat er zusehen müssen, wie selbst der crasseste Dilettan-
tismus den schirmenden Fittig eines Verlegers fand, während
seine Kunstwerke immer noch als Manuscripte in seinem Pulte
lagen. Und wenn er irgendwo nach langen, schweren Mühen
endlich zu Worte kam, da hatten die Leute gerade immer
was Anderes zu thun, als auf ihn zu hören. Alle Welt
glaubt sich zum Unterricht in der Musik berufen und findet
dabei ihr erträgliches Auskommen: ihm, dem Künstler, dem
Meister deutschen Gesangstils geht es herzlich schlecht dabei.

Plüddemann ist ja nichts weniger als ein Mann von
jener eleganten Höflichkeit, die allen schärferen Conflicten aus
dem Wege geht und Unbequemes schweigend über sich ergehen läßt, um sich später indirect doch volle Genugthuung
zu verschaffen. Plüddemann ist eine offene, ehrliche Natur,
die sich nicht verstellen kann und die gerade heraussprudelt,
was ihr am Herzen liegt an Freundlichem und Feindlichem,
ohne Hinterhältigkeiten. Mit dieser Eigenschaft
macht man sein Glück in der Welt und ihm ist's nicht
besser gegangen. „Mißwende" folgte ihm auf allen seinen
Wegen!

Im Jahre 1890, als Gura und Bulß Plüddemanns
Balladen zu singen anfingen, schien ja alles sich zum Besten
zu lenken. Und Plüddemann ist ja auch voll dankbarer Ge-
sinnung gegen diese Beiden. Aber ich glaube, sie haben bisher nur zum zehnten Theile gethan, was sie als berühmte
Interpreten der Ballade dem einzigen lebenden Vertreter dieser
Gattung schuldig waren. Bei Gura liegt es ja an dem
Niedergange seines Organs, daß er die, eine große Stimm-
entfaltung verlangenden Balladen Plüddemanns seltener singt.
Aber daß Bulß auf einige Hanslick'sche Glossen hin sich
nicht mehr recht an Plüddemanns Sachen wagt — zeigt einen
Mangel an künstlerischem Pflichtgefühl, der einem Künstler
seines Rufes nicht gut steht und den man um des Compo-
nisten willen bedauern muß.

Denn das muß festgestellt werden: Plüddemanns
Balladen haben, wo sie an die Öffentlichkeit traten, stets und
am entschiedensten, wenn Bulß sie sang, einen großen Erfolg
beim Publikum erzielt, wenn auch die Kritik mitunter recht
unfreundlich gegen sie auftrat. Nun, das ist bei einem von
den meisten Herrn Recensenten so völlig unverstandenen Kunst-
genre ja begreiflich. Aber es kamen persönliche Conflicte hinzu,
welche Plüddemann noch weit mehr geschädigt haben. Insbesondere war es ein Vorfall zu Anfang 1894, der die schlimm-
sten Folgen nach sich zog. Plüddemann war in einer Berliner
Musikzeitung in einem academisch kühl von oben herab aner-
kennenden Bericht kritisiert worden, und er, den nichts so
sehr verdrießt als ein nichtssagendes, phraseologisches und (wie
er in dem betreffenden Falle vermuthete) unaufrichtiges Lob,
machte seinem Ärger in einem mummwundenen Schreiben an
den Herausgeber Luft, worin er sich namentlich über den ungünstigen Einfluß der Musikzeitungen bitter beschwerte. Nun,

es war ja nichts so Fürchterliches, was er diesen Zeitungen vorwarf, er platzte nur damit heraus, was unter Musikern, wenn sie unter sich sind, d. h. der Herausgeber einer solchen Zeitschrift nicht gerade zugegen ist, durchaus nicht als Geheimnis und nicht im Flüstertone vorgebracht wird, ob mit Recht oder Unrecht thut dabei nichts zur Sache. Jener Herausgeber nun veröffentlichte den durchaus privaten und keineswegs zur Publication bestimmten Brief mißverständlicherweise als Entgegnung in seiner Zeitschrift, und dies war der Anfang einer Polemik, die schließlich eine förmliche Boycottierung Plübdemanns durch die Berliner Kritik nach sich zog. Ich vermeide es, die Einzelheiten dieses beklagenswerten Streites, soweit ich davon Kenntnis habe, zu schildern. Mögen alle diese Vorkommnisse vergessen und begraben sein! Ich will auch keineswegs gutheißen, was der durch widrige Schicksale mißtrauisch gewordene, von allen Seiten bedrängte Mann in dem verzweifelten Bestreben, seine künstlerische Sache zu vertheidigen etwa an Fehlgriffen, Irrthümern und persönlichen Tactlosigkeiten begangen haben mag. Sein nervöses Leiden würde dies ja zum größten Theile entschuldigen, auch wenn er nicht im Rechte wäre. Aber den Grundsatz muß man festhalten, daß die persönliche Unhöflichkeit eines Künstlers kein Grund sein darf, ihn gleichsam aus der Liste der Künstler zu streichen; daß man Plübdemann eben nach seinen Werken und nicht nach seiner etwaigen Grobheit beurtheilen soll. Menschen sind wir ja alle und können über persönliche Antipathien und Conflicte nie ganz hinaus. Aber die Sache entgelten lassen, was die Person verschuldet hat — das geht zu weit. Heute räumen es übrigens selbst manche seiner Gegner ein: der Geschädigte und Vergewaltigte war er allein.

Genug davon. Hier steht ein hochachtbarer Künstler, ein Mann, der wertvolle Fähigkeiten in sich vereinigt, wie sie heute nur selten, in dieser Art wohl überhaupt nicht anzutreffen sind. Dieser Künstler ist schweren materiellen Sorgen preisgegeben, jedenfalls in einer Lage, die seiner Verdienste geradezu unwürdig ist. Wollt ihr ihn verkommen und elend zu Grunde gehen lassen? Denn das in der That ist die stumme Frage, die er heute an die kunstfreundliche Öffentlichkeit richtet, welche freilich von seiner Nothlage nicht unterrichtet ist. Wo sind nun unsere Kritiker, daß sie mit verständnisvollem Wohlwollen auf seine künstlerischen Absichten eingehen? Wo sind unsere Kunstzeitschriften, daß sie ihn mit seinen

Gedanken zu Worte kommen lassen? — Wo sind die Mä-
cene und Freunde deutscher Kunst, dass sie ihm
auch materiell behilflich sind, das große nationale Werk
einer „deutschen Gesangschule" zu vollführen? Wo!
sind die jungen Wagnerianer, dass er sie in der echten
Tradition des Meisters, von der Plüddemann manch kostbares
Stück bewahrt, unterweise? Nicht Almosen sollt ihr ihm geben,
sondern Gelegenheit, seine individuellen Kräfte zu bethätigen
und seine hohe künstlerische Aufgabe zu erfüllen. Helft und
legt Hand an — Zeit wäre es endlich — und es wird euer
Schade nicht sein:

> Denn Dieser hat gelernt,
> Er wird euch lehren!

www.ingramcontent.com/pod-product-compliance
Lightning Source LLC
Chambersburg PA
CBHW022036080426
42733CB00007B/859